CHARLES MARTIN

LIBERTÉ

ou

COMMUNISME

Les mots sont des choses,
Les choses ont des larmes!

PARIS

AUGUSTE GHIO, ÉDITEUR

PALAIS-ROYAL, 18, GALERIE D'ORLÉANS

—

1878

QUESTIONS ÉCONOMIQUES

LE PRÉSENT

QUEL SERA L'AVENIR?

Du même Auteur :

IL EST TEMPS DE NOUS SOUVENIR, brochure, 0 50

APPEL A LA CONCILIATION, broch., 2° édit. 1 fr.

Prochainement : **1789 et 1793.**

CHARLES MARTIN

~~~~~~~~

LIBERTÉ

ou

COMMUNISME

Les mots sont des choses,
Les choses ont des larmes!

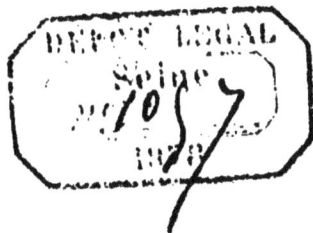

PARIS

AUGUSTE GHIO, ÉDITEUR

PALAIS-ROYAL, 18, GALERIE D'ORLÉANS

1878

LIBERTE OU COMMUNISME

CHAPITRE Ier.

AVANT-PROPOS.

L'expérience faite jusqu'à ce jour du *Suffrage universel* n'a, — on peut le dire, — donné pour résultat que celui d'une force inconsciente du bien ou du mal qu'elle peut produire. Aussi, lui voyant employer plus de passion que parfois de discernement, n'est-ce pas sans appréhension qu'en regardant l'avenir on ne puisse craindre que, suivant l'emploi que l'homme en fera, il ne serve aussi bien à l'amélioration de sa civilisation actuelle, comme arriver à pouvoir la détruire. Assurément son principe n'a pu encore être sanctionné par les résultats produits par l'expérience d'une longue pratique ; car, dans l'état anormal où la France, l'appelant à remplacer un systèm électoral trop restreint pour n'en pas exclure le progrès, l'a décrété universel; les auteurs de sa proclamation, trop pressés de s'abriter sous son principe, eussent pu, ménageant la transition, lui donner une action moins radicale en la limitant par l'âge, et, si faible qu'il soit, par l'intérêt que chacun pouvait avoir à la conservation sociale. Appelé à prendre la place du droit personnel, le suffrage de tous sera sans nul doute celui de l'avenir; malgré que, servi par un grand cœur et une grande âme, il serait plus facile à un seul homme de concourir au bien général, qu'à une Assemblée dont les vues et les intérêts sont toujours divergents; et, on le sait, Dieu pour créer le monde n'a heureusement pas eu de collaborateurs. Mais il peut paraître douteux que l'époque actuelle, encore entourée de tant de nuages dans le présent et d'ombres dans l'avenir, le suffrage universel soit propre à les dissiper; encore peut-on lui faire le reproche de pouvoir discuter la légitimité de son résultat, car en place d'offrir celui de la volonté de tous, l'abstention faussant la majorité vraie, en crée une de convention, qui cependant jouit des mêmes droits que le ferait celle qui devrait seule les posséder.

En voyant ce qui se passe dans une élection, où une candidature peut passer à quelques voix de majorité, on peut donc se demander si, toutes celles qui avaient droit de concourir à la former l'avaient fait, elle aurait eu le même résultat ; ou encore si la façon d'organiser le scrutin par liste ou par le mode individuel, donnerait la même solution ; et quand on a vu la forme républicaine adoptée pour la France, à une voix de majorité, on peut aussi se demander pourquoi tous ses représentants, présents ou absents, n'ont pas été tenus d'exprimer leur vote ; ce qui eût pu donner plus de force morale à celui général, ou peut-être le changer du tout au tout.

Quoi qu'il en soit, l'avenir mieux que le présent fera connaître le dernier mot de l'énigme que renferme le suffrage dit : universel ; et puisque la France, en retard sur bien des choses, veut en cela prendre encore le rôle d'initiatrice et déblayer le terrain, dont plus heureuses, sans doute, d'autres nations pourront récolter les fruits, sans avoir été soumises aux mêmes épreuves ; qu'elle le fasse donc, mais qu'elle se souvienne que sa civilisation est l'enjeu qui s'y trouve engagé, et que s'il est pénible de pouvoir envisager qu'elle peut le perdre, il serait heu-

roux de la voir désormais disposer de son sort,
et l'homme ne s'en prendre qu'à lui-même des
bons ou mauvais résultats du régime qui prési-
derait à sa destinée.

Mais à l'effet qu'il ne fasse pas fausse route,
l'homme doit se garder de croire tout ce qu'on lui
dit, non plus que prendre au sérieux et comme
étant choses possibles, la réalisation des promesses
que l'intérêt à briguer son suffrage porte ses can-
didats à lui faire, sans voir ceux-ci s'expliquer
catégoriquement sur les moyens qu'ils pren-
draient pour les réaliser pratiquement ; nua-
geux, et enveloppant d'idées vagues les faits
économiques dont ils laissent pressentir la solution, qu'ils indiquent comme étant possible,
sans laisser voir que, presque toujours, elle ne le
serait qu'à la condition qu'en échange l'homme
fasse le sacrifice de sa liberté ; car en cette matière, plus ardue que celle politique, beaucoup
se gardent de mettre, comme on dit, les points
sur les i ; vivant de la politique, ils en font à
outrance sans souci du prolétaire qui, lui en
meurt, si bien que le hasard les mettant un jour
dans le cas d'être chargés de l'application des
doctrines économiques qu'ils ont émises sans
penser qu'un jour il leur serait enjoint de les

appliquer, ils n'y songent plus, et l'homme ayant cru à leur parole répète avec découragement la phrase si connue : « Plus ça change, plus c'est la même chose » et si vraie qu'il en sera toujours à peu près ainsi, tant qu'il préférera croire à l'impossible, en place de se rendre à l'évidence de la réalité.

Mais pour éviter un mécompte toujours renouvelé, et que, dans son esprit, il n'existe aucun doute sur l'état social qui convient le mieux à sa nature de même qu'à ses intérêts, il faut que l'homme perçoive une idée exacte de l'enchaînement des faits sociaux, qui consistent en ce que leur ensemble forme *un tout*, dont il ne pourrait briser le lien principal sans en voir l'ensemble se désagréger.

A ces fins, il doit donc se rendre compte des effets que peuvent comporter les deux seuls modes de gouvernement appelés à former un état complet de civilisation, dont l'un lui fait un *devoir* de pratiquer les vertus sociales impérieusement nécessaires à toute agglomération d'individus ; soumission aux lois et travail persévérant quoique libre, comme étant les seuls moyens d'arriver à pourvoir à la satisfaction de ses besoins. L'autre, sans supprimer les devoirs, y ajoute la possession du *Droit*, non pas seulement politique, mais social ou économique, et dit à l'homme qu'acceptant le travail, la société doit alors pourvoir à la satisfaction de ses besoins.

Car, quoi qu'il fasse ou rêve d'établir, l'homme doit reconnaître qu'il a son existence sociale enchaînée à ce dilemme : Etendre la liberté de chacun de manière à en pouvoir faire dériver le bonheur de tous, lui donnant pour sanction la contrainte du devoir ; ou faisant bon marché de cette même liberté, la prescrire aux fins que, s'il se peut, tous concourent au bonheur de chacun, inculquant qu'il y a droit ; *devoir et droit* sont donc les deux termes qui, — sans s'exclure, sont seuls propres à donner l'idée du principe — abstrait, mais rationnel, — de deux régimes très-distincts par leurs conséquences pratiques, résultant de leur application aux nécessités sociales. Le premier montre à la civilisation l'exemple de l'homme devenu négociant, magistrat ou général, ayant pu parvenir, au moyen de son travail ou de son génie, au faîte de l'échelle sociale, comme d'autres aussi ont pus rester à son dernier échelon, si la mauvaise fortune y a contribué ; mais, dans l'un ou l'autre état, est, dans la mesure du possible, resté maître de son sort, entre cette alternative et celle que lui présente le second, celui communiste, qui, ajoutant au devoir non moins impérieux pour lui, celui d'un droit à un bien-être qui ne trouverait sa sanction que par l'emploi d'un despotisme, indispensable à pouvoir l'établir, sans qu'il pût fournir à l'homme les moyens d'y pourvoir; y a-t-il pour lui à hésiter entre le choix des deux régimes?

A voir ce qui se passe, il semble que, de nos jours, l'homme cherche à s'éclairer sur la question de savoir si l'un de ces deux régimes exclut pratiquement l'autre de toute participation effective à concourir à son bonheur; si, dans ce cas, leur séparation doit être maintenue absolue, ou encore si celui qui peut résulter de leur association ne contiendrait pas un mode de civilisation dont le besoin s'impose et tend à s'affirmer, avec assurance on peut répondre non; car, bien que l'un et l'autre régime, celui de Liberté et de Communisme, soient rationnels et possibles à pratiquer,— puisque tous deux reposent sur un mode de gouvernement, — il est facile de se rendre compte qu'il ne pourrait y avoir entre eux qu'un lien transitoire et anormal, et que, si pour un laps de temps qui peut se prévoir, un état d'éclectisme social pouvait fournir à la civilisation les données d'un régime possible à pratiquer, n'étant rationnellement ni l'un ni l'autre, ce compromis ne pourrait être durable, l'un devant, un jour donné, être détruit ou absorbé par l'autre, ce qui bientôt arriverait et se serait déjà produit, si l'Etat n'avait eu garde de laisser introduire dans la législation économique un fait essentiel contraire au principe de la liberté qui doit y présider, tel que le serait celui de le voir intervenir dans les bénéfices et salaires du travail, en place de laisser à chacun le soin d'en régler les conditions à son gré.

Serait-ce aussi que, le mode de Gouvernement qu'on a nommé « *La Commune*, » puisse servir à l'édification d'un troisième régime économique, assurément non ; malgré que celui politique, qui, bien malheureusement, consisterait à établir une décentralisation telle que chaque Commune, fût-ce même chaque Département, formerait autant d'Etats d'un Etat, quoique étant bien différents de celui existant de nos jours, mais n'ayant qu'une action politique, pourraient alors sous le rapport économique — qui seul ici est en cause—rester soumis au même régime de liberté, et ne rien changer à celui actuel du travail.

Mais il est cependant certain que, l'unité de vues pas plus qu'alors celle des intérêts, se rapportant à ses fruits n'existant plus, lésés par ci, soutenus par là, et suivant celui particulier à chaque département, devenu protecteur ou libre échangiste, sa liberté serait certainement anéantie comme prix d'une transaction devenue nécessaire entre les satisfaits ou non d'un régime apportant l'anarchie dans tous les intérêts, et qu'alors celui *communiste*, complétant celui *communal*, serait le seul remède fatal, il est vrai, mais inévitable à l'effet de dénouer la situation, faisant alors que, tous égaux dans une même infortune, les habitants du Nord n'aient plus à jalouser les prérogatives de ceux du Midi.

Si, mieux, il ne s'agissait que de le critiquer, pour arriver à améliorer le régime économique actuel, mais non alors de le remplacer par un autre qui lui serait moins préférable. Assurément, si son amélioration est impossible à admettre d'une façon radicale, la critique en est aisée, par la raison qu'il n'est pas édifié pour faire que tout le monde soit heureux de s'y soumettre, étant la résultante d'un concours de circonstances où la force ayant souvent primé le droit, l'a fait se constituer, grandir, et se développer,

sans que, devant la nécessité d'assurer à l'homme
l'exercice de sa liberté, il ait été possible d'empêcher l'existence de ce qui devrait en être
le mauvais génie, qui, comme son ombre suit
l'homme partout, car partout c'est à son égoïsme
passé et présent qu'il doit s'en prendre de tous
ses maux, et peut de même pressentir qu'appelé à refaire sa civilisation, elle se reconstitue-
rait entachée du mal invétéré qui ronge celle
actuelle. En cela, l'homme ne peut que songer à
vaincre l'ennemi qu'il porte en lui-même ; vouloir faire des lois pour l'anéantir ne servirait qu'à
le rendre plus h bile à se dissimuler ; car si le
régime de liberté donne à chacun le droit de
défendre son égoïsme, en quelque sorte nécessaire à sa conservation, celui communiste rendant l'homme indifférent sur son sort et sur celui
d'autrui, le ferait bien plus démoralisant encore.

Ah ! si de nos jours, indécis sur le meilleur
choix de son état social, l'homme semble devoir
se demander si, devant les difficultés et les misères de celui actuel, il lui conviendrait mieux d'é-
tendre sa liberté jusqu'au point qu'il soit le seul
juge d'en user ou abuser à son gré, et non responsable du moyen d'arriver à pouvoir satisfaire
ses appétits, ou bien se soumettant au joug des

lois nécessaires comme correctif de sa liberté d'en
pouvoir faire abus, le voir forcé de subir comme
étant sa conséquence, un état permanent de malaise causé par cette plaie sociale qui a nom :
Paupérisme, si son choix est dans l'alternative
qu'il en doit faire, il est à croire qu'il saurait
préférer l'état actuel à celui qui le ramènerait à
celui barbare dont il est si péniblement sorti,
mais alors pourquoi le verrait-on dépenser plus de
sensiblerie qu'il ne convient, devant le grand problème que soulève l'extinction du paupérisme, ou
alors faire mieux, s'avouer que, comme pour
ceux qui proviennent de son égoïsme, la plupart
des maux qu'il engendre sont produits, entrete-
nus et aggravés par des causes inhérentes à sa
nature même ; et que, si pour en atténuer les
mauvais effets, il y a beaucoup à conquérir et à
réformer sur la mauvaise volonté de chacun, il
n'y a pas non plus à compter sur le fonctionnement d'un état social théorique et parfait, que
l'homme y soit ou non appelé à jouir de sa liberté,
car, malgré qu'elle ne puisse être tenue à y satisfaire, l'organisation de toute société l'est néanmoins de favoriser l'accomplissement des besoins
de l'homme, et malheureusement aussi forcée de
pourvoir à la satisfaction de ses vices, qui sont,

— on pourrait le dire, au moins pour quelques-uns, — la parure de sa civilisation, comme alors ils sont la cause d'une partie des souffrances qui l'accablent, car il ne vit, procrée, commerce, qu'aiguillonné par le désir d'arriver à pouvoir les satisfaire ; donnant naissance à ses nombreux besoins, il y trouve assurément un stimulant et un aliment pour son travail, mais aussi une souffrance de plus, s'il ne peut arriver à les satisfaire, et par cela même laisse à la société la tâche rendue plus ardue de trouver un remède au terrible problème qu'on a nommé : *Question sociale* ; terrible question en effet quand il s'agit de l'éclaircir, mais serait-ce faire assez quand l'homme demande à la voir résoudre ?

Voulant seulement en entrevoir la profondeur, faut-il dès l'abord se rendre compte, s'il est constant qu'un fait unique l'ait fait naître, ou fatalement que des faits sociaux servent à l'entretenir ? ce qui, suivant qu'on admette l'une ou l'autre cause de sa raison d'être, peut conduire à une affirmation de son unité ou de sa pluralité. Il semble en effet aux uns, partisans d'une question sociale, que si un seul fait est la cause plus ou moins spécieuse de la misère qui paraît être le lot fatal d'une partie de l'humanité, cette cause est celle que formule le Communisme, en l'attribuant à celle même que la propriété existe à l'état *individuel* et de fondement social, ce qui alors, dit-il, doit disparaître ; aux autres, c'est à la réforme de l'ensemble des lois économiques mal équilibrées ou mal conçues, qu'il faut demander la solution à donner aux *Questions sociales*, dont le principe, qui est la liberté, devrait alors être mieux pondéré, mais non entièrement détruit ; d'un côté comme de l'autre, question ou questions, paraissent aussi difficiles à résoudre que de mettre l'homme d'accord sur le remède à leur appliquer.

Mais on voit cependant clairement que toutes reviennent à laisser à l'homme le choix entre la jouissance de sa liberté économique, ou celle de subir la tyrannie qu'en échange lui infligerait celui Communiste ; les unes, le laissant à la recherche du mieux sinon du bien, qui sont la condition du mouvement indispensable à sa double nature, se résument dans la formule : « A chacun selon ses œuvres » ; quant aux autres, elles ne feraient de l'homme qu'un nouveau Paria, en lui laissant croire qu'il doit y être ajouté : « A chacun selon ses besoins ».

D'après ce qui précède, beaucoup sans doute

exclameront : Quoi ! entendre parler de communisme, voir la civilisation s'y acheminer, c'est heureusement se tromper et faire aux autres peur d'un fantôme qu'ils ne verront jamais ; car personne n'en veut ni ne se prêterait à son établissement. Ah ! sans doute, c'est bien là l'avis de la minorité intelligente ; mais reste à savoir si la majorité, au moyen de son suffrage, ne parviendrait pas à en faire prévaloir un contraire, ou plutôt s'y laisserait conduire au moyen de l'arrivée au pouvoir du radicalisme politique, qui, par cette nouvelle appellation, semble vouloir cacher son but social à atteindre, car, encore une fois, que demande par sa voix la Démocratie : toutes les Libertés ! qu'on les lui accorde donc, si elle garantit qu'à leur usage le travail n'en sera pas atteint, mais qu'elle sache qu'elles ne seront pas même un palliatif contre le Paupérisme, l'exemple de l'Amérique en est la preuve convaincante ; veut-elle plus, veut-elle mieux, non, mais aussi, sans doute, elle veut autre chose ; et la Liberté ne lui suffisant plus, veut-elle alors le Communisme ?

De tous temps, hélas ! l'homme a eu besoin d'une chimère à caresser, celle présente est qu'il doit pouvoir satisfaire tous ses besoins ; jouir du présent semble être toute son ambition, et, sans croire à l'existence d'une autre vie, il veut que par avance celle-ci réalise pour lui les félicités de la terre promise, poursuivant l'idée de les y rencontrer sans mesurer la distance qui sépare ses désirs de la possibilité de les réaliser pratiquement. Laisserait-on l'homme s'éprendre des fausses lueurs de ce mirage, et, surtout comme beaucoup le font, le maintenir dans l'erreur qu'il ne peut jouir de sa liberté économique, sous le prétexte spécieux qu'il lui en reste d'autres à conquérir. Ah ! si l'homme n'avait ni besoins à satisfaire, ni passions à contenter, si encore son moi égoïste n'existait pas, à quel bel idéal de civilisation ne lui serait-il pas permis d'aspirer ? Mais puisqu'il n'en est pas ainsi, manquerait-il de courage pour regarder l'avenir en face, préférant toujours voir dans son maître ou son supérieur celui qu'on lui a toujours dit être son ennemi, quand en vérité il devrait reconnaître que l'ennemi c'est presque toujours soi, et beaucoup qui, hélas ! ne sont pas toujours les plus à plaindre, mais souvent les moins satisfaits, pourraient, le devenir, — si jamais l'homme le pouvait être, — en mettant en pratique le sage précepte qui leur dit : « Rivalise, n'envie pas. »

CHAPITRE II.

Au point de vue absolu, le droit, de même que l'idée de justice, sont-ils compatibles avec l'organisation des sociétés modernes : Droit à la Justice.

Une des grandes nécessités sociales serait assurément de voir l'idée de justice présider au fonctionnement de l'organisation de la Société, car c'est là un des besoins les plus impérieux attachés à la nature de l'homme, et il est certain qu'à cet effet, il serait heureux de la voir régner dans les cœurs, et aussi mettre en pratique dans tout ce qui touche à ses intérêts. Sans nul doute, Dieu a inné l'idée de justice dans son cœur, comme étant le sentiment indispensable aux fins de sa vie sociale. Néanmoins, restée bien des siècles à l'état d'aspiration, beaucoup se mirent au-dessus d'elle, et, abusant du droit de la force, n'avaient garde alors de croire qu'elle dût être égale pour tous.

Sans remonter plus haut que le moyen-âge, on sait qu'il a été témoin d'atrocités commises à son mépris ; comme plus près de nous, l'ancien

régime l'a été d'abus et de vexations qui, heureusement abolis, ne reparaîtront plus. Mais encore faut-il, pour constater l'injustice de l'homme,
la montrer seulement comme ayant existé dans
le passé, quand l'époque actuelle en est si peu
exempte, qu'elle semble y être demeurée à l'état
endémique et comme destinée à ne jamais disparaître.

Quoi qu'il en soit, si individuellement l'homme
se montre injuste envers son semblable, socialement parlant il souffre de voir la justice trans-
gressée, et s'émeut à la vue du compromis qui
entache l'idée que sa perfection ne puisse être pra-
tiquée, comme un fait indispensable au soutien de
sa civilisation. Mais faut-il aussi reconnaître qu'au
point de vue d'une collectivité d'individus, l'idée
de justice, de même que celle du droit, ont besoin
d'être définies, appliquées, et comprises de telle
sorte, que, par leur mise en pratique, la société
qu'elles doivent protéger ne soit pas désorganisée
dans ce qui constitue le fait essentiel qu'elle puisse
exister. Ce qui évidemment se produirait, si l'idée
de justice, qui, en définitive, ne doit être que
celle de la raison opposée à celle de l'absolu, n'en
venait diminuer la trop grande extension ; et bien
que l'idée que l'homme peut s'en faire, lui offre

l'idéal le plus élevé auquel sa conscience doive
dès l'abord obéir ; celle de convention, ou pour
dire mieux celle qu'il doit comprendre être de
nécessité sociale, doit être aussi celle à laquelle
il doit consentir à se soumettre, à moins que, se
plaçant en dehors des bases qui constituent l'état
social actuel, il nie qu'elles soient nécessaires aux
fins de celui qu'il prend pour idéal, et qu'alors,
suivant son opinion, il convient de ne pas tenir
compte de cette nécessité.

Ainsi l'homme le ferait-il, si, niant l'idée de
justice qui a fait dire à la jurisprudence des
nations civilisées, que « *La justice ne peut rien là
où le droit n'est pas dans la chose* », il refusait
d'en subir ou d'en admettre les conséquences
sociales. Evidemment cette formule, reconnue
de droit commun, constitue une restriction à
l'idée pratique d'une justice absolue, mais elle n'a
pas été adoptée par la civilisation, sans qu'elle
n'ait dû admettre que son existence ne pouvait
avoir de base qu'en lui donnant celle d'un *droit
individuel ;* et qu'alors il était indispensable d'en
reconnaître la justice pour n'avoir plus à le
défendre, car, bien que ce droit prît sa raison
d'exister dans une prise de possession non con-
sentie dès l'abord, mais nécessaire à reconnaître

légitime, non par la seule raison qui a fait admettre que s'il n'existait pas il faudrait le laisser de nouveau s'établir, mais bien par celle qu'il s'est légitimé par le travail. Pour ce motif, on doit donc être d'avis que, s'il peut être d'une *justice absolue* qu'à l'égal de son semblable l'homme jouisse de la propriété d'une chose équivalente, il n'en est pas moins d'une *justice relative*, mais aussi absolument nécessaire, que son droit ait pour limite la faculté de posséder le moyen de pouvoir l'acquérir ; car alors, à moins de changer le droit *individuel* en celui *social*, faisant comme en l'état communiste, que cette même chose appartienne à tout le monde : l'homme devra admettre que l'idée de justice doit être satisfaite, si ne violant pas sa liberté, la société ne l'a pas, de *parti-pris*, tenu en dehors des moyens de la posséder.

Devant l'évidence de ce qui précède, que peut bien vouloir dire « *Droit à la justice* » que le Prolétariat inscrit en tête de ses revendications, et pouvant dit-il arriver à leur donner une sanction, en ce qu'il exprimerait un droit pouvant toutes les contenir. Comme sans doute devaient y concourir ceux de : Droit au travail, Droit au Crédit, ou à l'Outil, c'est-à-dire droit au moyen de posséder la chose, sans qu'alors ce qui a été jugé indispensable à son exercice, le *Droit* y soit existant. Evidemment ceux-ci n'ayant pu fournir à la civilisation le moyen pratique de leur emploi, il devenait nécessaire de trouver une nouvelle formule, n'exprimant pas la légitimité d'un droit strict, puisqu'il ne pouvait l'être, mais bien plutôt le besoin que l'homme ressent de la nécessité d'en jouir, car en place de dire « Droit à la Propriété », il dit aujourd'hui : Droit à la justice de la posséder.

Mais alors, il est facile de comprendre que l'adoption à une société des principes que renferme cette dernière formule, correspondrait à la sanction d'un droit dérivant de l'idée qu'une justice absolue peut ou doit présider au fonctionnement de celle actuelle, sans être forcé d'y joindre comme corollaire, — ce que l'homme ne pourrait cependant éviter de faire — c'est-à-dire reconnaître pour tous le droit à une *égalité économique* de même ordre ; car, socialement parlant, « Droit à la justice », ne peut vouloir dire autre chose que droit aux moyens d'obtenir cette égalité dont seul le régime communiste pourrait supporter l'application radicale.

Quelle sanction l'esprit de justice peut-il lui

aussi donner aux effets du travail, afin d'établir un intermédiaire impartial, pouvant en tenir la balance entre le travailleur et celui qui l'emploie ; sans nul doute, les Chambres syndicales, appréciant l'intérêt de l'un et de l'autre, peuvent utilement servir la cause du travail, l'important est de savoir si elles seront ou non, assez pénétrées que sa liberté est la condition la meilleure d'en produire la demande, et par cela le rendra abondant ; ou ayant même cette certitude, pourront-elles mettre empêchement à ce que le contraire ne soit préféré par le prolétaire ; à entendre tout ce qui se dit et s'écrit tous les jours, on ne peut que trouver problématique ce qui peut sortir de pratique de leur action sur l'esprit des masses, qui, aujourd'hui, semblent prendre à tâche de se poser en adversaire du patronat, et trouver dans sa direction un rouage inutile, malgré qu'il soit aisé d'y voir le contraire, car beaucoup ne sont que les agents du travail, appelés à favoriser la circulation de ses fruits. Mais l'esprit de justice n'est, hélas ! pas employé davantage dans la recherche d'arriver à établir l'égalité sociale, qu'il ne l'est contre celui qui tend à en dépasser le niveau.

Ah ! dût-on, à l'effet qu'il existe, invoquer

les lois qui le rendent éternel, dire qu'il faut savoir souffrir et combattre pour qu'il puisse régner dans ce bas monde, l'homme ferait un vœu irréalisable, car les grands et beaux mots de Justice et de Droit ne peuvent plus que d'autres contenir l'idée pratique de la perfection, non plus qu'assurer la liberté et la satisfaction des besoins de l'homme; il ne l'exigera donc pas s'il se rend compte qu'il est indispensabls d'en soumettre l'usage aux nécessités de sa civilisation.

Donc, en l'état de société, l'idée de justice ne peut être d'une pratique absolue, mais seulement servir de principal soutien à la liberté de l'homme; parler à son sujet d'en réclamer le droit, c'est vouloir la faire elle-même servir ou soutien de ce qu'elle est appelée à condamner, la conservation sociale ne peut le vouloir ainsi, le radicalisme entend, lui, admettre possible tout le contraire, mais ne pourra jamais empêcher qu'il y ait un abîme entre la pratique du *droit social* qu'il préconise, et celle du *droit individuel* qu'il voudrait anéantir.

CHAPITRE III.

La science peut-elle indiquer à l'homme le moyen de résoudre les questions sociales relatives à son bien-être : Economie politique, Socialisme.

Si, pendant ce siècle, on a pu constater pour la science une période si fertile en inventions et progrès de toutes sortes ; que l'homme au moyen de l'aide qu'elle lui apportait, pût croire arriver à la découverte du secret de la création, en faire un Dieu à son image; et alors penser qu'ayant tout fait progresser, ce ne serait pas trop lui demander de pouvoir tout rendre possible, et trouver par là le moyen que chacun puisse arriver à la satisfaction de ses convoitises.

Certes, à la vue de tant de merveilleuses découvertes, l'esprit de l'homme pouvait un moment se troubler ; et bien que, comme au moyen-âge, il ne crût plus devoir demander à la science le moyen de changer le charbon en or, afin de s'en servir à acquérir les jouissances du luxe, lui voyant substituer le travail au rêve, l'analyse à l'abstraction, il pouvait penser qu'elle n'avait pas dit son dernier mot, et avec quelque raison s'écrier : « Oui, devant tant de prodiges, tout peut devenir possible, car ce qui aujourd'hui paraît le contraire peut demain devenir une réalité ! »

Mais hélas ! l'homme se tromperait, tout n'est possible que dans certaines limites, et si, pour satisfaire aux besoins matériels qui semblent aujourd'hui être malheureusement la préoccupation de l'époque actuelle, il demandait à la science, non qu'elle s'évertue à résoudre le problème de savoir lesquels de l'œuf ou de la poule ont les premiers parus sur la terre ; mais de lui enseigner le moyen pratique que l'œuf et la poule ne manquent pas à la consommation que chacun peut avoir le besoin d'en faire, la science lui dirait : « Travaille ! » car si l'homme lui avait, dès l'abord, posé une question qui peut paraître insondable, il lui demanderait là à résoudre un problème qui — bien qu'étant de son domaine économique—est soumis à l'accomplissement de choses sur lesquelles elle n'est pas seule maîtresse d'agir. Car si la science est à même d'enseigner à l'homme, qu'aidant la nature elle met à son usage un moyen presque indéfini de production, il doit savoir qu'il en trouve forcément la limite dans l'emploi de ses forces, mais encore aussi — ce à quoi il pense beaucoup moins — dans l'acquit indispensable d'un capital proportionnel à l'importance du produit qu'il cherche à obtenir, car l'uu et l'autre en doivent être le moteur constant. Sans cette limite opposée à la puissance de l'homme, il n'aurait qu'à se reposer, la solution de la question sociale serait trouvée, l'idéal ne serait plus seulement dans le spiritualisme, mais aussi dans le matérialisme, et n'ayant plus rien à attendre du Créateur, l'homme pourrait peut-être, hélas! croire l'avoir utilement remplacé.

Tout en laissant aux siècles passés, la honte d'avoir au moyen de la science, aidé à entretenir la superstition — qui, hélas! n'est pas encore éteinte dans l'esprit de l'homme,—il faut se dire, qu'esclave comme l'était alors la pensée humaine, il n'en pouvait être autrement ; mais aussi que son rôle doit être tout autre de nos jours, et sans songer à l'impossible sur la solution à donner aux faits économiques jadis étudiés à un point de vue ne réclamant pas la même extension, l'homme à bon droit plus exigeant, s'il doit lui demander la solution possible de la vie à bon marché, doit aussi vouloir qu'elle lui indique le moyen d'arriver au but où tendent les efforts réunis de son travail et de son génie, c'est-à-dire d'en recevoir la récompense au moyen d'une rémunération la plus large possible, laquelle, suivant les données économiques qui présideraient à son état social, ferait que l'homme serait libre de la discuter, la subir, ou, dans l'autre cas, la verrait upprimée.

Donc, à l'effet que, socialement parlant, l'homme puisse tirer le meilleur parti possible de sa force productive, la science dite d'*Economie politique*, lui indique les moyens qu'elle croit bons pour y parvenir, lui enseignant que la liberté de défendre ses intérêts par l'entremise de ses mandataires, suffira à le faire arriver à la progression constante et nécessaire de son régime économique; mais affirme de plus que pour y parvenir, *il est de nécessité absolue que son travail soit et reste libre*, c'est-à-dire que le prix de sa rémunération soit refusé ou accepté, sans autre intervention que la volonté des contractants, ce qui, en somme, est la doctrine qui régit de nos jours l'économie de la civilisation actuelle. Une autre non moins libérale sous le rapport des droits politiques, ne l'est plus s'il s'agit de son

effet social ; ou mieux si, par leur moyen, l'homme
ne trouve pas celui de vivre aisément ; et bien
qu'elle consente à ce qu'il soit libre de discuter
ses intérêts, s'il sait mal le faire, ou plutôt si
pour une cause appréciable, sa force de défense
n'est pas égale à son partenaire mieux armé que
lui; s'il possède un capital, l'Etat alors, dit-elle,
devra intervenir entre les contractants, mettre le
plus fort à la raison, et, par là, empêcher ce
qu'on a nommé « *l'exploitation de l'homme par
l'homme.* »

On le voit, la différence du moyen et aussi
du résultat, existe, on peut le dire, du tout
au tout ; d'un côté, défense de la liberté du
travail ; de l'autre, prévoyance du besoin de
sa mise tutelle, par l'intervention d'un pouvoir
qui, ne pouvant être conciliateur mais impé-
ratif, serait, sans doute, irresponsable du mal
particulier qu'il arriverait à produire ; car
serait-ce en s'immisçant dans les agissements
du travail de l'atelier, en en réglementant le
salaire, empêchant à l'homme ou à la femme
l'emploi de certains travaux, — ce qui a été dit
dans le 1er Congrès ouvrier — que l'Etat ou tout
autre pouvoir parviendrait à changer le rapport
de l'offre et de la demande qui serait faite du tra-

vail, rapport dû à deux contractants qu'il ne faut pas violenter ; car si l'homme a la liberté de faire l'offre de ses bras, ou de chercher à vendre cher leur produit ; ne les lui demandant pas, celui auquel il s'adresse peut aussi bien en marchander le prix qu'avoir la liberté d'en refuser l'emploi ; voulant remédier à cet inconvénient, quel moyen scientifique employer contre l'abus qu'en peut faire le fort contre le faible — ce dont il n'est maître heureusement que dans certaines limites — ou plutôt parer au dommage qui, pour l'un et pour l'autre, résulterait du fait qu'il en fût autrement ; poser la question, c'est la résoudre au profit de la liberté des deux intéressés, car tout organiser, tout réglementer en vue de parer à l'inconvénient que l'homme ne puisse rester libre de ses actes, serait faire une chose qui ne saurait remédier au mal auquel il s'agirait de mettre fin.

Quelle différence alors établir entre la science d'économie sociale et le socialisme, sinon que la première, avec moins de sincérité que la seconde, semble ne prévoir qu'il soit besoin de lui donner une sanction autoritaire qu'autant que l'homme ou les choses l'y contraindraient ; et que l'autre, sans confiance préalable, avoue la nécessité qu'il soit d'ores et déjà soumis à la loi de l'égalité, et le privant de sa liberté, l'empêcher par là d'en mal user. Bien que l'idée en soit prise dans un sentiment humanitaire, il n'est pas possible de comprendre qu'elle arriverait au but qu'elle se proposerait d'atteïndre, qui est de faire que l'homme soit plus heureux moralement, et ses besoins mieux satisfaits, si sa liberté n'a pas été le moyen employé par lui pour y parvenir, le lui faciliter est bien, mais lui assurer la jouissance de ses besoins est impossible ; car le sentiment ne suffit pas en pareil cas, il faut des actes, et ces actes ne seraient que ceux qu'exigerait le Communisme, les opposant à l'emploi de la liberté de l'homme, dont la nature, généreuse ou égoïste, n'aurait plus à s'intéresser ni pour le bien ni pour le mal.

Il faut aussi reconnaître que la science, désignée sous le nom de *sociale*, a fait si peu de progrès à l'heure actuelle, que le Congrès tenu ces jours derniers à Gand, a été forcé de se séparer, déclarant qu'il ne pouvait *s'entendre ni même se comprendre*, sur les réformes propres à faire la lumière sur le problème social, ce qui doit surprendre quand il est possible d'admettre que, la bonne volonté d'y parvenir, ne

devait pas manquer à ces hommes venus à cet
effet de tous les pays du monde civilisé. Que
de plus, les rapports des ouvriers délégués
à l'Exposition de Philadelphie, sont unanimes
pour déconseiller à leurs collègues Français de
s'expatrier, par la raison que le prolétariat existe
au même degré que partout ailleurs dans la libre
et républicaine Amérique. Qu'en conclure, sinon
que la science sociale, manquant d'une base stable
de discussion, ne sera pas une science tant qu'elle
louvoiera entre le régime de Liberté et celui du
Communisme ; et qu'alors le libéralisme républicain qui entretient l'homme dans l'idée de la
possibilité que des réformes sociales puissent parvenir à contenter toutes ses aspirations, n'a pour
résultat que d'alarmer les intérêts, d'anéantir la
richesse acquise, et en fin de compte, rendre
par là les maux du prolétariat encore plus cui-
sants. Ah ! si cela est le seul résultat que
l'homme doit à l'excès de controverse économique
qui le désunit, il est grand temps qu'il y
renonce en ne cachant pas plus longtemps le
faux-fuyant qui l'alimente : Liberté ou Communisme doit-il dire, en place d'éterniser une polémique entre ce que peut la science politique pour
la liberté et le bonheur de l'homme, et ce que

celle sociale, exagérée par l'idée radicale qui pré-
tend pouvoir remédier à tous les maux de ce
monde, ferait pour l'anéantir.

Mais si la science sociale ne peut affirmer qu'elle
possède une base de discussion qui la rende
féconde, possible et pratique, celle d'économie politique, ayant celle de la Liberté, n'en pousse-
t-elle l'extension trop loin, en présentant comme
une panacée sociale le *Libre-Echange*; et bien
qu'en ce moment il puisse paraître inoppor-
tun de critiquer les données scientifiques qu'il
préconise, se résumant en ce qu'une nation ne
peut mieux faire que d'ouvrir ses barrières
à la concurrence étrangère, et que l'époque
actuelle semble leur donner raison, il est impossible de croire que ce soit là le dernier mot
de la science économique, et le moyen d'engager
l'avenir de la France, avec la certitude de ne
pas faire fausse route ; car, si vouloir intervenir
dans les relations du travail pour le protéger
contre lui-même, est un mal dont la civilisation
ne doit pas se laisser atteindre, le laisser envahir
par des nations qui, en échange de nos vins et
autres denrées, n'auraient à nous livrer que des
choses que nous pourrions produire, ne pourraient
que causer deux choses également malheureuses :

l'une, la diminution du taux des salaires, effet d'une concurrence dont il ne serait guère possible de toujours égaliser les chances de combat; l'autre, le renchérissement des objets de première nécessité.

En admettant cette crainte comme étant fondée, il faut voir qu'il est question de la France, dans laquelle la production agricole est plus facile à obtenir à bon marché que ne l'est celle manufacturière, et qu'il y est toujours déclaré que le prix de la main-d'œuvre est insuffisant aux besoins du prolétaire; dans ces conditions économiques, trouverait-elle autant d'avantages à pratiquer le Libre-Echange avec les autres nations qu'elles n'en trouveraient elles-mêmes par réciprocité, si chacun sait que les objets de consommation depuis vingt ans — sauf le vin et le pain — ont doublé de prix, il sait aussi que, si dans certaines industries, celui de la main-d'œuvre a pu suivre cette progression, dans d'autres aussi il est resté stationnaire, et d'ailleurs, que certains objets de luxe ou autres subissent une diminution de 10 à 20 0/0, que fait cela à celui qui n'a pas le moyen de les acquérir, par la raison que souvent son salaire aurait été amoindri pour arriver à un résultat,

— fruit d'une coucurrence, — dont il ne pourra personnellement jouir, en ayant en partie fait les frais.

Qui ne connaît les plaintes qu'à l'effet du Libre-Echange font entendre les départements de l'Ouest, où l'importance des denrées exportées en Angleterre en a fait doubler la valeur, sans qu'il se soit établi une compensation suffisante dans la main-d'œuvre manufacturière. Donc, il faut bien reconnaître que, Protectionnistes ni Libres-Echangistes, ne sont dans la vérité de la situation économique convenant à la France ; car si les premiers étaient une cause d'immobilité, les seconds, on peut dire, en seraient le radicalisme, et, si en politique comme en autre chose, les moyens extrêmes ne sont bons, c'est qu'il y a un juste milieu qui peut et doit concilier tous les intérêts.

D'après ce qui précède, il est bien évident qu'il n'est pas de science capable d'enseigner qu'il existe des bases certaines, pouvant constituer celles d'un régime économique propre à satisfaire tous les intérêts, encore moins à toutes les aspirations de bien-être de l'homme. Mais bien, qu'à bon droit, on puisse reprocher à celle qui prend le nom d'Economie Politique, de ne pas

4

plus tenir compte de l'homme qu'elle ne le ferait
d'une chose, et que, ne voyant en lui qu'un
rouage au service de la production, elle se mette
dans le cas de voir tôt ou tard, son génie pro-
tester contre une énormité qui l'astreint à jouer
le rôle de la matière ; il faut néanmoins convenir qu'elle reste *supérieure* à toute autre, par la
raison qu'elle enseigne à l'homme de voir dans
sa liberté le premier bien de ce monde, sans lui
faire croire à la nécessité d'attacher à son existence le besoin de jouir d'un bien-être qui, quoi
qu'il fasse, sera toujours absent de la terre,
et cela d'autant qu'il se peut qu'il emploie
la science, à l'effet qu'elle puisse lui fournir le
moyen de compléter l'œuvre de désillusion qui
le rendra encore plus malheureux ; si par elle,
il croit être en droit de placer Dieu au rang
d'une hypothèse, c'est aussi pourquoi la conservation sociale se montre, à bon droit, jalouse de
ne pas voir l'homme devenir athée, opposant
aux fausses données du radicalisme scientifique,
sinon la preuve que Dieu existe, mais le défi de
prouver qu'il n'existe pas, laisant si cela lui
convient, à chacun le plaisir de croire avoir eu
un singe pour ancêtres, car, si en cela Dieu n'a
parfois pas eu un grand changement à opérer,

l'homme a-t-il seulement, lui, pu changer la condition d'un seul des êtres créés, faisant simplement d'un lapin un lièvre, ou d'un âne un cheval?

Ah! si la science grandit l'homme par tant de côtés, serait-elle impuissante à lui démontrer qu'il s'élève lui-même, en restant dans les limites de compréhension attachées à sa nature morale; et qu'il s'abaisse, en niant ce qu'il ne peut savoir et encore moins comprendre; de même que la science d'analyse, lui démontre que la vérité économique est dans l'emploi rationnel de sa liberté, doit-il agir à l'effet qu'elle l'égare jusqu'à le conduire au Communisme.

CHAPITRE IV.

Le bien-être général est-il indépendant ou subordonné au mode politique d'une nation, ou plutôt dans la liberté rationnelle laissée à son régime économique ?

Ce serait vraiment amoindrir le rôle qu'on doit croire assigné à l'humanité que de concevoir l'idée qu'une Nation possède le meilleur mode de gouvernement, s'il parvient à faire jouir ses membres de la plus grande somme de jouissance matérielle qu'ils peuvent se croire en droit d'exiger de lui. A cet égard, le régime Communiste, égalisant le bien-être, — bien qu'à un niveau encore plus modeste qu'il n'existe de nos jours, — procurerait sans doute à l'homme cet idéal de félicité, qui, pour beaucoup, semble le but qu'ils croient nécessaire d'atteindre. Mais pour d'autres aussi, — et bien heureusement — leur existence a besoin d'un complément sans lequel elle ne serait qu'un fardeau : celui de jouir de la plus grande somme de liberté possible, en même temps que de se sentir protégé contre l'empiétement de celle des autres.

A l'époque actuelle et pour la troisième fois, la France se trouve être régie par le mode Républicain, et bien qu'aujourd'hui, à la vue d'autres peuples grandissant sous un autre régime, il serait peut-être encore utile de se demander, si, en définitive, celui actuel est bien le meilleur pour conduire l'homme aux fins de sa destinée morale et économique ; cependant celui républicain admis, autant parce qu'il existe qu'il semble devenir le seul possible, qu'encore aussi, il pourrait être le meilleur, si l'idée qui peut conduire l'homme à satisfaire toutes ses convoitises, n'en rendait l'emploi dangereux pour la civilisation : espérance qu'il serait cependant utile de voir abandonner, car, pas plus qu'une Monarchie, aucune République n'a, ni ne pourra parvenir à un tel résultat, et si celles de l'antiquité ont eu leurs Parias, leur Plèbe, voire même leurs Esclaves ; à l'exception de ces derniers qui, bientôt, il faut l'espérer, auront disparus de notre globe, le régime républicain peut-il faire qu'en remplacement des autres, il n'y ait plus de Prolétaires, et que l'homme satisfait n'ait plus à souffrir de la misère inséparable de toute agglomération d'individus, l'étiquette d'un mode de gouvernement, comme celle qui indique la nature ou la

qualité d'un produit, peut-elle suffire pour que
le bien y remplace le mal, que l'injustice, la jalousie, le népotisme ne soient plus rien dans le
mobile qui dirige les actions de l'homme ; assurément, on ne peut compter qu'un nom produise
un aussi heureux effet. Mais comme avant tout,
l'époque actuelle exige la réalisation de deux
choses, 1° la jouissance d'un bien-être dont
l'homme sent le besoin de devenir plus général ;
2° l'apaisement des convoitises que fait naître
chez lui le désir d'arriver à y pourvoir, il est de
toute nécessité qu'aucun déni de justice ne lui
donne le droit de se plaindre, que l'*inégalité politique* dans laquelle on l'a maintenu, a seul été
la cause de son état précaire.

Mais alors cette inégalité n'existant plus pour
lui, il faut qu'il se persuade que la forme Républicaine, n'étant qu'un mode de gouvernement,
si elle peut lui procurer plus de liberté, elle ne
peut lui donner, pas plus que lui garantir plus
de bien-être qu'il n'en saura lui-même conquérir. En aura t-il les moyens plus assurés ?
C'est une question que chacun peut déduire de
l'ensemble des faits économiques, et l'homme
doit s'adonner à en approfondir la raison d'être,
car tout l'avenir paraît, hélas ! devoir viser à

la conquête d'une *égalité de moyens*, dont le régime républicain semble à tort contenir le sous-entendu, mais où le suffrage universel pourrait cependant malheureusement conduire.

Si alors il doit cesser d'exister, c'est que chacun se sera rendu compte que le mot République, ou se dire Républicain, ne signifient rien, sinon d'exprimer l'idée et l'opinion qu'on a d'un mode de gouvernement impersonnel qui, — sauf l'hérédité, — peut se rapprocher de l'état Monarchique, et comme lui se prêter à l'emploi d'un despotisme plus intolérable encore, puisqu'il est irresponsable : celui du nombre, et qu'alors pour donner un sens tangible à son action, il est nécessaire d'indiquer le régime qu'on entend faire servir à son fonctionnement ; pour les uns, il se résume dans l'exercice du droit de Suffrage, laissant à la liberté de chacun, ou plutôt à la majorité de tous, le pouvoir de résoudre toutes les questions d'intérêt général. Pour les autres, ce même Suffrage ne doit remplir qu'un rôle d'outil, façonné de manière qu'il serve à refaire la société de fond en comble, et — bien que sans l'avouer, — au moyen de l'égalité établir le Communisme.

Car, si dès l'abord, chacun a pu croire que le

régime républicain pouvait contenir et rapprocher tous les partis, groupés par la grande
attraction due à son rayonnement; on peut aujourd'hui savoir le contraire, et voir que, si les
monarchistes se divisent en trois catégories, les républicains en forment autant qu'il y a de nuances
dans les idees gouvernementales pouvant s'allier
aux idées économiques de chacun d'eux; qui
pour les uns, se résument simplement dans des
positions à prendre, ou des convoitises à satisfaire. Mais pour les autres, dans la conquête d'un
ensemble de Libertés qu'ils croient devoir les
conduire à l'amélioration de leur sort.

A l'époque actuelle, les Républicains ou non,
en partie satisfaits du leur, prennent le nom
de Conservateurs, les non satisfaits celui de Radicaux. Conservateurs de quoi ? Non pas certainement pour la grande majorité, le maintien
des errements ni de l'immobilité sociale, mais
bien des principes sans la conservation desquels
ne seraient désirables ni Royauté, ni République,
ni Civilisation d'aucune sorte, et qui sont contenus dans les mots: Liberté, Travail, Religion,
Famille; car, adoptant ces principes que l'homme
soit ou non partisan d'une royauté, cela n'ajoute
rien à la nécessité qui les rendent essentiels.

Quant aux radicaux, bien qu'il semble que le
nom qui désigne leurs aspirations puisse, sans
équivoque, dire ce qu'elles sont, il n'en est
cependant rien ; car il y a Radicaux et Radicaux, et deux nuances bien tranchées les classent
en Libéraux et en Communistes ; pour les premiers, la République doit pouvoir fonctionner
sans Président, sans Sénat, sans Armées perma-
nentes, sans Budget des cultes, sans Magis-
trature inamovible, etc., et bien que voulant cela
il croit agir en libéral, l'homme qui, par son
radicalisme politique, peut amener le règne de
ceux dont il est l'adversaire en Économie Sociale,
se garderait cependant d'admettre un seul moment que, sa Liberté, sa Propriété, son Travail,
puissent le moins du monde devoir être mis en
tutelle, quand pourtant il devrait se dire que
les radicaux Communistes qui le doteraient de
tant de choses qu'il ne peut concevoir possibles,
telles que le seraient l'instruction, exclusive-
ment laïque, l'établissement de l'impôt progressif, aussi le *capital industriel et agricole
mis entre les mains de celui qui l'emploie pour
qu'il en ait tout le profit*, etc., sont seuls logiques,
avec leurs principes de réorganisation sociale, se
disant qu'être électeur et éligible, c'est bien faire

emploi d'une fonction qui rehausse la dignité
de l'homme ; mais si la misère reste toujours le
lot du prolétaire, à quoi lui sert cet excès de
dignité qui, à ses yeux, ne peut que rendre son
sort plus misérable ? de même, si avec la liberté
de la presse, celle de réunion, d'association, il
ne lui est garanti que la liberté de son travail,
comme le seul moyen de satisfaire à ses besoins,
quand il peut arguer que rien ne peut l'assurer
qu'il n'en puisse manquer ; quelle raison lui op-
poser, et, devant ses récriminations, que dira le
républicain libéral à celui radical, s'il se refuse à
convenir de la nécessité sociale qu'il n'en puisse
être autrement ? Hélas! il est à craindre qu'il ne
puisse le convaincre, et changer sa manière de
voir, car on lui aura tant dit que l'égalité politique
lui fera conquérir l'Egalité sociale qui la veut, et
en est arrivé à ne croire que celui qui lui dit
pouvoir la lui assurer, lui parler autrement serait, croit-il, le tromper, et revenant à l'idée
qu'il s'est faite d'une République radicale, il
dit: Non, celle libérale n'est pas la bonne, on
nous joue encore, attendons! et ceux qui par-
lent ainsi sont conséquents, on leur a promis si
imprudemment le bien-être qu'ils l'attendent et
n'écoutent que celui qui continuera à le leur pro-

mettre. Ont-ils raison, oui, on les joue encore, ou plutôt on continue à les tromper, car ces Prolétaires plus irrités que méchants, qu'attendent-ils, hélas? rejetant d'instinct l'idée d'un Communisme abrutissant, beaucoup qui croient à l'efficacité des moyens sociaux contenus dans le Radicalisme, veulent sans doute conquérir le bien-être, par celui du travail rendu plus abondant et mieux rétribué, ou pour parler plus pratiquement, plus demandé qu'offert, mais se sont-ils rendus compte de la difficulté qu'il en soit fait ainsi, leur a-t-on bien démontré que ce bienfait résultait de la pondération de tant de choses, que nulle Nation, nul mode de Gouvernement n'en pouvait mais, et que la confiance dans l'avenir, la tranquillité morale qui en résulte, y faisaient plus que toutes les lois possibles? si on le leur a dit, ils n'ont cru que ceux qui leur ont appris que le régime Républicain devait contenir le moyen de répondre à toutes les exigences du Prolétariat, si bien qu'en place d'avoir élevé les caractères jusqu'à l'accomplissement du devoir que cet état comporte, il les aura abaissés jusqu'à la convoitise qu'il ne peut satisfaire. Et que devant le doute qui l'assiége, l'homme en arrive peut-être malheureusèment à se demander s'il lui serait

plus fatal qu'au moyen de son suffrage, le
régime républicain organise le Communisme,
en place de lui donner la jouissance sociale de
sa liberté ; que l'Etat soit son tuteur et maître,
ou que lui-même reste l'un et l'autre ; et, quoi-
qu'il ait à en souffrir, que son travail, son initiative, soient dans la mesure du possible, libres et
seuls agents de son bien-être, en place de les
voir réglementés et inquisitionnés par l'Etat.
Qu'enfin la Liberté, qui, dans la société moderne,
associe hélas ! la souffrance à son usage, puisse
ou non en disputant aux passions mauvaises,
comme aux intérêts impatients, trouver le moyen
de les combattre. Un avenir peut-être prochain,
éclaircira sans doute le malentendu qui semble
ne devoir être ni assez bien compris, ni surtout
mis en lumière par une polémique trouvant sa
raison d'être dans les ténèbres qu'elle entretient
à souhait ; car devenues trop difficiles à dissiper,
elles pourraient mettre la société en péril, et si
comme l'a dit et répété le grand patriote qui vient
de s'éteindre, la République doit être *Conser-
vatrice*, c'est-à-dire *libérale* ou cesser d'exister,
c'est qu'il ne pouvait concevoir que, pour le mal-
heur de l'humanité, elle puisse, devenant sociale
ou autoritaire, la voir un jour se suicider par

le Communisme; qu'on le veuille ou non, l'alternative est là, et rien n'aurait le pouvoir de l'empêcher, si en définitive, il n'était heureux de croire que la raison de tous, ayant à notre époque voix délibérative, ne puisse utilement contrebalancer la déraison de chacun.

CHAPITRE V,

L'association générale est-elle possible en dehors du Communisme, et le Paupérisme peut-il y trouver son extinction ?

Le grand principe d'association, qui répond à l'idée d'un partage équitable des fruits du travail, entre l'ouvrier producteur, le capital-outil ou monnaie, et ceux qui, par leur intelligence coopèrent à sa formation ; sera sans nul doute pour l'avenir, un levier puissant propre à soutenir le poids d'un état économique, qui de nos jours n'a pu encore trouver sa pondération. Pouvant utilement combattre l'individualisme qui y met obstacle, et causerait un mal social sans remède, si l'avenir moins affairé que le passé, ne devait s'employer à le mettre en pratique par tous les moyens que la liberté lui fournira ; car autrement, la contrainte venue de quelque autorité que ce soit — fût-elle au service des meilleures intentions — ne pourrait parvenir à rendre ni possibles ni profitables les bienfaits que l'association est appelée à rendre à ceux qui seront capables ou en état d'en profiter. Mais que le travailleur le sache aussi, ce n'est pas en se posant en adversaire du patronat, et ne voir en lui qu'un ennemi duquel il s'agit d'obtenir le plus gros salaire possible, qu'il parviendrait au titre d'associé ; mais bien par sa conduite et sa moralité, ayant aussi pour but l'amélioration de la production nécessaire à en faciliter les débouchés, qu'il rendra possible sa participation à des bénéfices sociaux, qui lui permettra d'être autre chose qu'un salarié.

Déjà à l'égard des effets de la liberté économique actuelle, l'homme commence à comprendre qu'en lui ouvrant le chemin où il avait la presque certitude d'arriver un jour à la possession d'un avenir stable, les Maîtrises et les Jurandes n'avaient pas que de mauvais côtés ; sans aucun doute, l'édit de Turgot qui les abolit, aurait pu, en place de fermées qu'elles étaient, les ouvrir à la liberté qu'on venait de rendre au travail ; leur laissant sous cet égide, le soin de l'organiser de manière à mettre obstacle aux mauvais effets de l'indivi-

dualisme qui devait les remplacer. Le temps
écoulé a sans aucun doute fait rompre bien des
liens formés, vu s'accomplir bien des réformes
utiles, donné à chacun des habitudes sur lesquelles
il serait aujourd'hui bien difficile de revenir ; cependant à l'exemple des anciennes Corporations
d'un état manuel, on les a vu se reformer dans
les professions libérales ; entre médecins, avocats,
ingénieurs, avoués, il existe aujourd'hui une
solidarité morale qu'on chercherait en vain dans
la classe bourgeoise, mais seulement dans celle
des travailleurs-ouvriers, car là, tout esprit de
corps n'ayant jamais été entièrement détruit, bien
des corporations y existent encore, mais à l'encontre des premières, ce ne sont plus les Patrons
qui en ont la direction ; car chaque Compagnon
restant libre de travailler où bon lui semble, le
maitre n'est plus alors qu'un entrepreneur faisant
l'emploi d'une phalange dont le manque de ne plus
avoir charge d'âmes, lui a souvent fait perdre
de vue qu'il ne devait pas avoir qu'un souci : celui
de ses intérêts.

Mais à l'effet de donner à l'action de ces corporations un rôle moins personnel à l'endroit de leurs
intérêts matériels, s'agirait-il, comme l'entend le
radicalisme social, de les rendre solidaires et d'en

former une confédération qui, alors voulant satisfaire à tous les besoins, ne pourrait que devenir
oppressive pour ceux qui en feraient partie, et
constituer un pouvoir, présentant pour la civilisation le plus grand danger, car leur action
se généralisant, ferait indubitablement glisser
la société actuelle dans le Communisme, si le
principe de la solidarité universelle qu'elle préconise, pouvait être regardé sans danger, ou
même possible à fonctionner en dehors de
cet état. Mais entre la solidarité d'une assistance
mutuelle à vouloir établir entre un plus ou
moins grand nombre d'hommes, et celles d'une
association générale des intérêts qu'on semble
trouver possibles, il y a une utopie, dont
l'examen des faits montre la difficulté à ceux
qui, par ce moyen, pensent pouvoir guérir les
maux de ce monde.

Encore faut-il se demander si l'homme, toujours préoccupé de la conquête des libertés qu'à
tort ou à raison lui refuse le pouvoir, a montré la mesure de l'emploi de celles qu'il possède, et si, comme le prolétaire anglais, obligé
de parer au résultat du mercantilisme de ses
denrées, qui entrent pour 40 0/0 dans son chiffre
d'importation; créant des sociétés de consomma-

tion l'initiative française a montré la même force,
de vouloir par elle-même arriver à un progrès facile
à conquérir, de même pour le système coopératif,
qui fait ailleurs d'immenses progrès, qu'a-t-il fait
en France? L'argent manque au travailleur, dira-
t-on, mais l'ouvrier anglais peut-il donc épargner
sans privations, et de quel aide ou moyen, celui
français pense-t-il pouvoir se servir pour s'en
affranchir. Qu'il le dise, ou que ceux qui pensent
l'avofr trouvé répondent pour lui.

Seule la Liberté venant en aide à l'association peut devenir ce moyen, mais s'il est facile de la suppeser praticable dans un grand
nombre de branches de l'activité humaine, il
est évident que des classes considérables d'hommes seraient forcément exclues des bienfaits
que d'autres plus heureuses pourraient en re-
tirer. Comment en effet, faire entrer dans le
cadre d'une association possible, ceux pour qui
le résultat d'un profit perçu administrative-
ment, comme l'est celui des assurances, banques, etc., se trouvent être rétribués par la
quotité d'émoluments attachés à leur fonction,
ou si, plus personnel, l'individu qui le reçoit
se trouve être désintéressé par le paiement
d'un service une ou plusieurs fois rendu, tels

seraient le cas des artistes en général, offi-
ciers, médecins, avocats, hommes de lettres, com-
positeurs et employés divers, ceux de l'Etat,
d'administrations, clercs, jardiniers, hommes de
peine, domestiques, ouvriers nomades, et qu'aussi
dans plusieurs de ces fonctions, il faut bien
admettre que là où il n'y a pas profit pour
faire face à la dépense, comme dans celle
d'un employé de l'Etat, se livrant au travail
de l'addition des millions payés par le contribuable, il ne peut y avoir pour lui d'association
possible.

De plus, l'association serait pour le moins impossible, dans un grand nombre de cas auxquels
elle semblerait pouvoir s'y prêter, quoi qu'en pensent quelques-uns, l'Agriculteur qui compte au
moins pour moitié dans l'emploi des forces sociales, ne s'en accommoderait que d'une manière
très-imparfaite et tout à fait restreinte; le travail
accompli par la femme — à moins qu'il ne le
soit entre elles — ne pourrait s'y astreindre, eu
égard à l'état d'indépendance qu'il est indispensable de lui conserver. Enfin, les banques, le commerce de détail, d'exportation, et celui de milliers
de travaux dits à façon, sont trop personnels ou
trop restreints pour que l'association puisse en

grouper les intérêts et en faire le partage équitable des profits.

Si d'un autre côté, on se rend un compte exact de l'importance des Associations anonymes, dont aucun particulier ne pourrait être le seul Banquier, on voit aussi que les bénéfices provenant, soit des grandes industries, comme celles du gaz, canaux, grande navigation, chemins de fer, ou fournis par un produit spécial, comme celui des mines, sont autant d'industries dont les profits, presque toujours certains, sont partagés au *prorata* de la part-Action possédée par l'associé, on devra convenir que, ne pouvant profiter à tous, les bienfaits de l'association ne sont pas aussi restreints qu'on pourrait peut-être le supposer.

Puis encore, sans avoir égard aux exemptions précédentes, tenues plus ou moins exclues d'une association possible, on peut les reformer en groupant par catégories le nombre de 36 millions d'habitants composant la population de la France ; or, d'après le travail de M. Ducarre, chargé par le Gouvernement de l'enquête relative à l'état du travail en France, déposé à la Chambre, mais enterré par la politique, quand il aurait été si utile qu'il en fût autrement, on peut voir comment s'établissent les catégories d'états, d'emplois et de professions, ainsi :

6/100 soit 2 millions d'individus, vivent de leurs revenus,

5 se livrent à des professions libérales,

14 d° aux transports et banques,

52 d° à l'agriculture,

23 d° à l'industrie

_____

100

Ces 23 derniers centièmes, soit 8,400,000 individus, formeraient donc le nombre auquel les bienfaits de l'association pourraient être plus ou moins facilement ou fructueusement appliqués, mais par le fait des vieillards, enfants et malades, le nombre des travailleurs actifs s'en trouve réduit à 3,200,000, dont encore 800 *mille* patrons, sans doute à peu près satisfaits de leur sort, reste donc 2,400,000 ouvriers des deux sexes, sauf l'ouvrier agricole dont il n'est pas tenu compte ; mais, qui s'émancipe graduellement, car la terre de la petite culture est en partie en train de passer dans ses mains.

Donc, en face du chiffre de 36 millions, celui de 2,400,000 ouvriers serait le nombre pouvant

en partie profiter des bienfaits de l'association ;
il peut sembler bien minime, mais si faible
alors qu'il soit, il est encore trop considérable,
et, sans uul doute, le régime d'association permettra d'apporter à leur situation un remède
efficace, en leur donnant entrée dans une position sociale ou, de salarié que l'homme y est
aujourd'hui, s'y trouvera placé à l'état d'associé.

Cependant, si, donnant à l'association la plus
grande extension possible, ses bienfaits ne peuvent arriver à satisfaire au bien-être de tous,
— puisqu'à peine 2 millions et demi d'âmes y
pourraient trouver une amélioration à leur
sort, — faut-il voir continuer à rêver à celle
universelle plus impossible encore ? à moins de se
rendre aux vœux du radicalisme social, en orga-
nisant le Communisme. Ah ! que l'homme s'y
soumette, si, trouvant à cet effet son cœur devenu assez vaste pour contenir toutes les vertus
dont ce régime lui demanderait l'emploi : fraternité dévouée, abnégation du moi, solidarité
effective, privations obligées, et s'il peut se guérir de son égoïsme et faire abandon de sa liberté.
Une telle abnégation, grande et généreuse à
comprendre moralement, ne le serait pas autant à voir l'homme s'y soumettre pratiquement,

mais, s'il ne se croit pas capable de le fuire, qu'il continue bravement la lutte de la vie, et qu'il se dise que, si la victoire est facile à quelques privilégiés, elle est bien souvent aussi, acquise aux plus méritants.

CHAPITRE VI.

De l'impôt et de ses rapports avec le Salariat.

De nos jours, heureusement, l'impôt n'est plus pour l'homme le représentant de la rançon ayant jadis servi à le maintenir à l'état d'Esclave, qu'aujourd'hui ou ne lui fasse donc plus peur ni de la Taille ni de la Gabelle, qui lui prenaient, hélas! non le superflu, — il n'en avait guère en ce temps, — mais le nécessaire. Tout ce système oppresseur, et sans esprit de justice, est non-seulement aboli, mais n'a plus raison de revenir, puisque la civilisation n'a plus besoin d'en user. Est-ce à dire que celle actuelle soit moins exigeante? Le contribuable ne sait que trop le contraire; car en place des millions qui suffisaient jadis pour le gouverner, on lui demande aujourd'hui des milliards, et le fisc sait les trouver, de manière à ne pas, comme autrefois, faire trop crier le contribuable. Mais, s'il paie beaucoup aujourd'hui, c'est que, son train de maison représenté par ses besoins sociaux, s'augmente chaque jour, et qu'il est incontestable que, dans toute société organisée, ceux qui en font partie doivent concourir à leur acquit. Le Législateur a-t-il, jusqu'à ce jour, eu pour but que l'impôt soit le plus facilement réalisable, ou de l'établir de manière que chacun y contribuât suivant les moyens qu'il aurait d'y concourir? Dans cette recherche, on trouverait sans doute matière à discuter le pour et le contre; ardues comme le sont beaucoup de questions économiques, il faut cependant bien admettre que l'Etat, auquel il faut un budget établi sur des données positives, n'a pu le faire sur l'instabilité des fortunes de chacun, et en tant que l'impôt est *direct*, il a imposé la propriété, c'est-à-dire le fait existant et non son possesseur, qui peut alors disparaître d'une manière ou d'une autre, sans qu'il ait à en prendre souci. Atteignant toutes les richesses sociales : propriété, valeur fiduciaire, production, consommation, etc., très-éclectique, l'impôt prend un peu partout, mais souvent beaucoup, quand il le peut, par un moyen *indirect*, c'est-à-dire en ne le faisant payer au contribuable qu'au moment où lui-même fait l'achat de l'objet taxé; et, sous prétexte, hélas! bien spécieux qu'il est

6

libre de ne pas l'acquérir, ne craint pas, parfois,
de le lui faire payer le double de sa valeur.
Aussi, sauf la manière de les percevoir, les
objets de première nécessité, qui en font la partie
la plus importante, pourraient, avec plus de raison, être classés dans la catégorie des impôts
directs que dans celle contraire. Mais là n'est
pas la question, il faut payer, l'on paie, et l'Etat
est satisfait.

Cependant, il paraîtrait juste que la matière
de l'impôt direct, étant un fait acquis, ne pouvant être éludé et l'État lui assurant la sécurité, supportât seule les charges de toutes,
si, ce faisant, le but à atteindre, qui est celui
d'arriver à ce que celui qui ne possède rien
ne paie rien, pouvait l'être ; car, en cette matière, la bonne volonté ni même l'emploi de la
stricte justice, ne suffiraient pas pour y parvenir ;
quand surtout il s'agit, comme pour la France, de
faire face à un budget de plus de 2 milliards. Mais
il n'en est pas moins vrai, que l'impôt frappant les
objets de première nécessité, est destiné à disparaître, sera-t-il remplacé par celui sur le Capital,
ou celui sur le revenu ; ce n'est pas là le point de
vue que vise ce chapitre ; car il n'a pas la prétention de porter la lumière là où il existe encore

tant de divergence d'opinion. Restant dans la matière économique, qui seule a quelque valeur pour l'homme qui ne possède ni capital à placer, ni intérêts à recevoir, il convient mieux de lui montrer.si, l'impôt indirect mis sur les objets de première nécessité, est seul l'ennemi de son bien-être, et encore, si l'Etat le recouvrant d'une manière ou d'une autre, — du moment qu'il diminue d'autant la richesse sociale, — améliorerait sa position.

Dès l'abord, il est utile que chacun se rende compte, qu'il existe une difficulté invincible,— parce qu'elle est juste et préservatrice des intérêts de tous,—à ce que, quand un droit ou impôt frappe un objet quelconque, Meuble, Immeuble, Capital-Monnaie, ou le revenu que rapportent les uns et les autres, il ne se produise au même instant une augmentation équivalente et parfois supérieure sur la valeur marchande ou locative de l'objet frappé, de manière à faire retomber le coût de l'impôt sur celui qui en jouit, l'achète ou le consomme. Ainsi qu'on fasse payer à la propriété immobilière, à une maison par exemple, un impôt de 5 p. 0/0 sur sa valeur, en plus de celui que déjà elle paie, il sera loisible au propriétaire de le recouvrer au moyen d'une augmentation sur les loyers ou baux de ses locataires et fermiers ; et cela sera de toute justice, car si, supportant toutes les charges, sa propriété en arrivait à ne lui rapporter que la somme que lui demanderait l'impôt, elle ne lui rapporterait plus rien Quand aux valeurs négociables de toute nature, elles, comme les autres, y compris la Rente, le jour où on les frapperait de nouveau, baisseraient d'autant que l'intérêt de l'impôt capitalisé rapporterait en moins à son propriétaire. A agir ainsi, il y aurait nécessairement spoliation, car ce ne serait pas l'acheteur futur qui paicrait ce supplément d'impôt, puisqu'il aurait acheté le titre d'autant moins cher, mais bien son possesseur au moment où il aurait été établi, ce que l'équité ne peut vouloir.

Il peut être vrai de dire que, par le fait de l'accroissement de la richesse générale, les valeurs imposées peuvent reprendre leur premier cours, mais cela n'aura pas empêché l'injustice d'avoir existé, et comme il n'y en a pas sans causer de malaise, celle-ci serait la perte de la sécurité en matière de revenus d'Etat ou autres, par la raison que rien en dehors du moyen de conversion applicable à la rente, ne mettrait empêchement à frapper ces mêmes objets d'un nouvel impôt.

Relativement au dégrèvement des objets de
Consommation, qui est le plus important pour le
prolétaire, il ne faut pas non plus qu'il se fasse
trop illusion sur les résultats d'économie qu'il
doit en attendre; car plusieurs causes peuvent
y mettre empêchement: si leur dégrèvement
est de peu d'importance, il peut se noyer et
disparaître dans le bénéfice perçu par le détaillant; si c'est le contraire, il en résultera certainement un surcroît de consommation, qui peut
en rétablir le prix au taux primitif; de même
qu'il sera nul pour le prolétaire si, par l'établissement d'associations d'objets de consommation qu'il lui paraît urgent de voir fonctionner,
le bénéfice que fait le détaillant, entre, en place
de la sienne, dans la bourse d'un participant qui
ne serait pas lui; ou encore si l'impôt détaxant un
objet dont ses moyens ne lui permettraient pas de
faire usage, ne le lui ferait pas supporter sur un
autre qui, comme son logement, lui serait indispensable.

Depuis vingt ans, les salaires ont augmenté de
40 p. 100, et par cette seule raison, qu'il y avait
non pas plus de besoins à pourvoir, mais plus de
gens ayant la possibilité de les satisfaire, tout à
suivi la même proporton, et chacun y a contribué

directement par l'augmentation apportée à son
bien-être, si bien qu'il y a eu peu ou point de
changement pour le prolétaire ; de même ce qui,
pour l'Etat, produit des millions, se traduit souvent en quelques francs d'économie pour lui ;
qu'aujourd'hui, comme il en est question, on détaxe les marchandises voyageant en petite vitesse,
les huiles et le savon, en y comprenant les allu-
mettes ; quelques industries y gagneront certainement des facilités commerciales, mais pour le
travailleur besogneux, l'ouvrier campagnard, le
tisserand, le forgeron, ce sera pour lui à peine le
prix de deux journées de travail, quand, par le
fait du chômage provenant de sa volonté ou autrement, il est constamment menacé d'une perte
bien supérieure. Il faut donc nécessairement reconnaître, que pour tout dégrèvement d'impôts on
ne doit viser qu'à savoir si, par leur changement,
le travail ne sera pas atteint ou favorisé dans son
extension, et, dans ce cas, la richesse générale
diminuée ou accrue ; mais qu'on cesse de pré-
senter la suppression de ceux de consommation,
comme pouvant être une panacée capable de
vaincre la misère, quand peut-être, il n'est pas
bien certain qu'elle arrive à en diminuer les
maux, et le coton exempt de droits, ne fera pas

que le tisserand qui l'emploie, puisse, par la différence produite sur une chemise, s'en acheter
une de plus, si son salaire n'a pas augmenté ou
n'est pas suffisant pour le lui permettre, encore
si l'étoffe en est diminuée de 10 centimes, et qu'il
en use 20 mètres par année, il fera juste une
économie de 2 francs; qu'on calcule tout ce que
consomme le Prolétaire, et la diminution que lui
procurerait leur détaxe, et l'on verra si l'extinction du Paupérisme peut exister par ce moyen.
Sans doute, la richesse générale peut s'en ac-
croître, le chômage être parfois moins fréquent,
la main-d'œuvre dans certains cas mieux rétri-
buée, mais si la solution reste avant tout restreinte dans la quotité des salaires, et dans leur
régularité ; elle est aussi dans l'économie et la
frugalité qui constituera l'épargne générale, de
manière à empêcher le mouvement de bascule
qui fait que, plus l'homme est rétribué plus il
dépense, plus aussi les produits qu'il consomme
devenant rares, sont tenus plus chers; l'épargne
serait-elle donc impossible à pratiquer ? et si l'on
voit des gens riches être toujours besogneux,
l'exemple que nous donne le paysan, qu'on dit
moins sollicité par la dépense, et ne se privant
des plaisirs citadins que par la raison qu'ils ne

sont pas à sa portée, serait-il sans valeur, quand sa frugalité le fait aussi se priver des choses qui seraient sa seule jouissance.

Ah ! si l'homme devenu sage n'avait plus besoin d'Armées qu'il lui faut entretenir, plus de magistrats ni de police qu'il lui faut payer, quelle belle économie d'impôts il pourrait faire, et, comme à ce sujet, ses récriminations tomberaient d'elles-mêmes, si jamais assouvi, il pouvait faire que son ambition et ses désirs non satisfaits, ne le portent à se croire toujours malheureux.

CHAPITRE VII.

Le Capital et sa rémunération.

Quel autre objet que celui portant le nom de *Capital* est, dans l'économie des sociétés, plus employé et aussi plus important, puisque l'homme s'en sert à tous les instants de sa vie, et l'utilise soit en payant avec sa valeur repr'sentative argent, or ou papier, les divers besoins de son existence ; le recevant comme prix de son travail, ou par l'usage qu'il fait de la bêche ou de tout autre outil, qui eux-mêmes en sont un, en tire profit, en créant pour lui et pour la société un nouveau capital. Mais en même temps qu'il est employé et représenté de tant de manières différentes, il est par cela même appelé à être discuté, et il l'est en effet jusqu'au point extrême ou radical de voir nier la légitimité de sa possession, par la raison, hélas! plausible mais injuste, qu'il n'est pas donné à tous individuellement la faculté de s'en servir, et qu'alors devant l'inégalité sociale que produit le privilége dû à son emploi, beaucoup sont d'avis de faire en sorte que, ne servant plus à aucun, il soit mis au service de tout le monde. Car, dit à cet effet le Radicalisme social, si l'Esclavage a été aboli, pourquoi n'en serait-il pas de même du Capital qui, sous ses diverses formes, n'est qu'un instrument qui l'a remplacé, puisqu'en place d'être tenu sous le joug par son semblable, l'homme l'est resté d'une chose bien qu'inconsciente du mal qu'elle produit, oppose néanmoins à l'emploi de sa liberté une force qui, — chacun ne la possédant pas, — paralyse l'usage qu'il devrait pouvoir en faire.

Dans cet ordre d'idées, il est hors de doute que celui qui n'a que ses bras, sans être pour cela désarmé dans la lutte que nécessite les besoins de son existence, puisqu'il possède le plus merveilleux instrument pour y pourvoir, est moins fort que celui qui ajoute le capital à l'aide de son travail. Mais ce capital-outil ou autre, bien que la critique qu'en fait le Radicalisme ne soit pas sans avoir sa raison d'être, faut-il, pour qu'aucuns ne puissent s'en servir, et même abuser du privilége qu'il donne à celui qui l'emploie — ce qui peut avoir lieu sans qu'il le possède en propre — faire qu'il soit mis au service de tous.

Sans parler à cet égard de spoliation,—puisqu'il y aurait peut-être moyen d'en éviter le crime à la société,—il est bien évident que le capital social mis en commun—y compris le sol terrestre—ne pourrait, dans la civilisation actuelle, remplir le même rôle, c'est-à-dire, comme il le fait de nos jours, servir à rendre possible la liberté de l'homme, puisqu'alors il n'aurait plus le moyen de jouir de la tranquillité qu'aurait pu lui procurer son travail, son invention ou ses veilles, enfin tout le mal qu'il se donne pour arriver au bien-être, car, n'ayant plus à y compter, il n'aurait plus à se donner la peine de pouvoir l'acquérir, pas plus que celle d'avoir à le conserver.

Cependant, à moins de songer à l'acte de vandalisme, dont l'homme s'est rendu coupable dans ces derniers temps, sous l'empire d'une démence sauvage, on ne peut concevoir celui devant procéder à la destruction d'un Capital représenté par le travail et l'économie accumulée pendant tant de siècles. Pas plus que d'en faire le partage, auquel, voulant y établir l'idée de justice, il serait impossible à la société d'y procéder. Il s'agit donc de se rendre compte si, n'étant pas détruit, puisque l'idée ne peut s'arrêter à ce qu'il

puisse advenir un semblable forfait, ni qu'il
puisse être mis en communauté, puisque la
société ne trouvant pas à le mettre au service de l'égalité ; n'aurait plus le courage du
travail nécessaire à son entretien, existerait-il
un moyen de contenter celui qui ne possède
rien, sans spolier celui qui possède quelque
chose ?

A cet effet, le Radicalisme social préconise
celui qu'il nomme de transition, qui consisterait
bien à ne rien donner ni ne rien prendre, mais
frappant le capital dans le fait de sa reproduc-
tion, arriverait à ce qu'il mange lui-même son
propre fonds, c'est-à-dire à ne plus exciter par
le moyen qu'emploie la civilisation pour en
entretenir la vitalité : celui de l'*intérêt* qu'il rapporte à son propriétaire. Si cela avait lieu, il est
certain que tout serait dit au sujet du capital
autre que celui que représente le sol ; car si au
denier cinq, comme on disait jadis, il lui faut
vingt ans pour se renouveler, dans vingt ans il
n'existerait plus à l'état individuel, mais peut-
être aussi que, faute d'en trouver en France un
emploi rémunérateur, et pour ne pas le laisser
tomber dans la circulation générale, celui mobi-
lier s'en irait le chercher à l'étranger ? lui fer-

merait-on alors les frontières? l'homme serait-il
lui-même tenu de rester avec lui? ne pouvant
le faire à l'égard de la propriété mobilière,
mettrait-on celle immobilière en sequestre? spo-
lierait-on l'étranger qui possède des revenus en
France? toutes questions, hélas! que, dans cette
occurence, il faudrait trancher, et dont le Radicalisme se garde de parler, de peur d'être obligé
d'avouer le moyen qu'il emploierait pour arriver
à les résoudre.

D'autres encore, en place de songer à détruire
le Capital pensent, comme on dit vulgairement,
devoir lui faire rendre gorge au moyen d'un
impôt progressif ou non, mis sur le capital lui-
même, ou sur l'intérêt qu'il rapporte ; dans ce cas,
il est évident que ce qui a été dit pour les impôts
en général peut s'appliquer au capital : plus il
sera frappé, plus cher il élevera le prix de son
loyer, quand l'amélioration sociale demanderait
tout le contraire ; car s'il est plus cher, le prix
des choses dont il est la représentation s'éleve-
ront de même, et aussi la part à fournir dans
l'association du travail avec lui. Donc, main-
d'œuvre plus chère, produits alimentaires et
autres plus chers — puisque le sol servant à leur
production serait lui-même plus imposé. — Il ne

7

faut donc ni abolir l'intérêt, ni penser à le forcer à s'élever en l'imposant sous le nom de revenu, de manière à lui faire remplacer tous les autres impôts, car le jour où son loyer sera à 1 0/0, au lieu d'être, comme aujourd'hui, de cinq à dix, tout à proportion baissera de prix, et comme il n'y a aucune raison que la main-d'œuvre en fasse autant, puisque le bien-être l'aura rendue plus demandée qu'offerte, le travailleur y trouvera l'amélioration qu'il réclame, et qu'il pense à tort obtenir par le moyen contraire.

A défaut de ces moyens, le radicalisme social en préconise un autre qui ne semblerait pas devoir être pris au sérieux, malgré qu'il constitue le fond de toutes les revendications du prolétariat au sujet du capital : c'est celui qui consisterait *à mettre celui industriel et agricole à la disposition de ceux qui l'emploient directement, afin que son produit profite seul à celui qui lui aurait donné naissance.* Cette prétention de ne voir s'accomplir la production que par le fait du travail manuel, constituant un effort physique corporel, est sans doute une énormité qu'il n'est, certes, pas difficile de réfuter; et cependant beaucoup ne veulent voir que des parasites vivant de leur misère, dans ceux qui emploient leur vie, soit à penser,

dessiner, peindre, écrire, compter, diriger et
disent seuls appelés — ou plutôt devant l'être
— à jouir des fruits du travail et d'en posséder
les moyens, ceux qui sculptent, gâchent, cou-
pent, martèllent, forgent, etc. Comme si, pour
exemple, un chef-d'œuvre tel que l'Opéra aurait
été conçu et édifié par le labeur seul de ces derniers, à l'exception des premiers, qui moins en
vue n'y ont pas moins employé soit leur génie,
leur talent et leur travail ; mais encore qui
devra fournir ce capital, où le prendre, où à qui
le demander ? Avant tout, ce sont là des questions
qu'il faudrait voir résoudre.

Epuisant les contradictions émises contre le
capital, il faut aussi mettre à néant la prétention
du socialisme radical, d'admettre possible que
l'homme lui-même soit un capital, qu'il emploie
au bénéfice de la Société en le mettant à son service, et qu'à l'égal d'une machine qu'il remplace, son salaire journalier ne doive être con-
sidéré que comme soldant la dépense nécessitée
par son entretien.

Certes, à la rigueur cette prétention peut encore se comprendre, et la richesse sociale n'est
pas trop considérable, pour qu'elle ne trouve uti-
lité à s'adjoindre celle d'un nouveau Capital,

ajouté à celui reconnu ces temps derniers par un
grand écrivain, dans la vertu de celle appelée à
être notre Mère. Car si pour une nation, chaque
tête d'animal est une richesse, pourquoi pour chacun de ses habitants n'en serait-il de même ? Sans
dire, ce qui cependant serait la vérité, qu'à l'encontre des premiers, le Capital humain s'éteint de
lui-même, il faut mieux constater qu'il serait
impossible à la production, c'est-à-dire au travail,
d'y ajouter l'intérêt nécessaire à son remboursement, ce qui devrait cependant avoir lieu, s'il
devait se joindre à celui servant à l'exploitation
d'un atelier, d'une usine, ou d'un commerce quelconque, qu'on admette à cet effet, la réunion
d'une Société composée de douze personnes, l'une,
le capitaliste, y apporte 100,000 fr. espèces, employés à meubler une usine, le second, 100,000
autres comme fonds de roulement, et reconnaî-
traient à 10 ouvriers coopérateurs, un apport social
corporel de 10,000 fr. chacun ; en outre qu'une
telle association ne serait possible qu'autant que
prenant fin, pour avoir droit au remboursement de cette somme, chacun des 10 ouvriers
devrait fournir la carrière commerciale exigée
par l'association, car elle peut gagner les premières années et perdre les suivantes et on sait

que le bénéfice d'une usine, comme celui d'un commerce quelconque, ne suivent pas une marche constante. Mais là n'est pas l'objection à y faire, elle existe dans ce que les bénéfices de l'Association ayant à procéder au remboursement d'un capital de 100,000 fr. qu'elle n'aurait pas effectivement reçu, il faudrait de toute nécessité les augmenter d'autant de manière à établir une réserve pour y pourvoir; ce qui ne pourrait se faire que par l'acquit d'un bénéfice plus élevé, dont la production ferait nécessairement les frais; pour conclure, travail et intérêt revenant plus cher, quand il doit être admis comme étant nécessaire, que l'un et l'autre éprouvent graduellement le contraire. Donc, si l'homme est un capital, il est le sien propre, et doit alors l'entretenir par tous les moyens qu'il peut avoir à sa portée, économie, assurance, caisse de retraite, de manière à lui assurer le pain de la vieillesse. Tous, hélas! n'y arriveront pas, et l'hôpital sera encore pour beaucoup le suprême espoir d'une fin restée misérable. Mais qu'y faire, sinon d'en chercher le remède, et si le Capital est vraiment un instrument sous la protection duquel peut s'abriter l'égoïsme de l'homme, doit-il s'en priver, comme le ferait à tort un médecin d'un scalpel, sous le prétexte que perforant un abcès, il a pu causer la mort d'un malade ; si encore, plus à l'usage des forts et des habiles, il est pour la société la cause d'une orgie de spéculations, dans laquelle l'homme perd souvent son honneur, le capital est aussi l'instrument dont son intelligence se sert pour élever l'édifice qui abritera sa famille. Devant ce but à atteindre, ne faut-il pas oublier les bassesses qu'il fait commettre, et tenir compte des efforts d'intelligence, de travail, de génie même, qu'il force à développer, et alors voir l'homme jouir du bien-être qu'il lui aura servi à acquérir, non l'avoir amoindri en le rendant improductif, ou commettre le forfait de le détruire, pour avoir, hélas ! à recommencer le labeur qui a servi à le constituer.

CHAPITRE VIII.

Liberté. — Egalité. — Fraternité.

A l'égard de toutes les questions que soulève
le péril social, malgré que leur trop grande dif-
fusion les rendent encore plus ardues, il vaut
mieux y revenir que de laisser de côté celles
qui, plus abstraites à cause du double sens que
chacun peut y voir, sont pour l'homme une
cause continuelle de malentendus ; telles sont,
à cet égard, celles que soulève l'interprétation à
donner à la devise *Liberté, Egalité, Fraternité,*
inscrite sur bon nombre de nos monuments, et
de laquelle on peut déduire autant de bien que
de mal, en ce que l'homme en peut faire
aussi bien emploi pour la conservation de la société actuelle, que s'en servir pour son renver-
sement, suivant le désir qu'il aura de la voir répondre à la sanction de l'un ou l'autre régime
ayant ses préférences.

En effet, si, pour les uns, son premier mot :
Liberté, n'est inscrit partout que pour rappeler

à l'homme que son vrai sens exprime l'idée
d'une contrainte qu'il doit savoir s'imposer, pour
ne pas nuire à la liberté des autres ; pour d'autres, au contraire, il exprime celle d'un droit, pa-
trimoine naturel de l'homme, dont il doit pouvoir jouir sans avoir à prendre souci du fait
bon ou mauvais qui peut en résulter pour autrui.
Quant à l'*Egalité*, doit-il y voir une garantie
pour ses divers intérêts civils, politiques et mo-
raux, ou bien un droit à la jouissance égalitaire
des biens terrestres ; l'une ou l'autre interprétation peuvent se faire, mais, comme au sujet de
la liberté, on voit à quelle solution différente elle
conduirait la civilisation. Quant à la *Fraternité*,
elle n'est généralement admise qu'à l'égal d'un
sentiment humain, qui, faute d'en posséder le
germe, chacun n'est pas apte à en pouvoir faire
emploi, mais dont l'usage, à défaut de l'action
individuelle—qui n'a cependant jamais manqué
entièrement au cœur de l'homme,—doit être sou-
tenu et entrepris par l'action gouvernementale.
Mais faut-il voir étendre cette action jusqu'à
l'organiser d'après les données communistes, et y
trouver un moyen de rendre l'homme esclave,
en échange pour lui du minimum de ses besoins.

Revenant à la Liberté, on peut dire qu'en

dehors de celle politique, celle économique se manifeste de plusieurs manières, qui sont celles d'agir, de ne pas agir, et de mal agir, à l'égard de la première, la société actuelle nous la montre enlaçant l'homme dans la manifestation d'une grande partie de ses actes. Pour n'en citer qu'un exemple matériel, il bâtit une maison, l'autorité lui dit : « Tu ne bâtiras ni plus haut ni plus loin, donc il est nécessaire de distinguer entre la liberté de bâtir, qui, facultative et personnelle, doit rester entière, et celle de son exécution, qui étant un acte social, doit avoir sa limite, l'une doit nécessairement être absolue, puisque l'homme peut seul décider s'il bâtit ou ne bâtit pas, et user de sa volonté suivant ses sentiments, ses moyens ou son intérêt, ceci est la Liberté. L'autre est la mise en œuvre d'un acte dont l'exécution est soumise à celle de ne pas nuire à la Liberté des autres. Mais, en cela, si celle de chacun doit pouvoir être restreinte, il faut aussi que l'autorité se garde de, voir un délit dans celle de ne pas agir, autrement admettre que, ne pas agir, c'est mal agir ; opposant alors cette maxime de liberté à celle communiste qui, elle, admet tout le contraire. Car, disent ses adeptes, c'est nuire à son prochain que de laisser son champ sans culture,

de vivre dans l'oisiveté ; donc il est nécessaire que
le champ soit cultivé au profit de tous, que tous
se livrent au travail, et que lui-même soit régle-
menté et organisé, de manière que tous et chacun puissent prétendre au partage de ses fruits ;
cela est l'utopie, car la liberté *de ne pas agir* est
aussi indispensable à la nature de l'homme que
celle contraire, celle d'agir, étant entretenue et
aiguillonnée par son intérêt pécunier, et aussi
celui de sa conservation, n'a besoin que d'une
liberté sociale ou relative ; mais il doit posséder
entière et absolue celle contraire. Sans doute,
celles d'user, d'abuser, et celle de ne pas agir peuvent être mauvaises en soi ; mais, socialement parlant, lui préférerait-on le despotisme auquel
l'homme devrait être soumis, s'il s'agissait d'y
mettre empêchement. Il en serait encore de même
s'il fallait ne pas lui laisser le pouvoir, en certains
cas, d'abuser de sa liberté économique, c'est-à-dire
d'en user au point de vue de son intérêt propre ;
parmi ces diverses manifestations, qui n'entend les
Commerçants se plaindre de l'accaparement que
font les grands magasins de tous les articles qui
font vivre le petit commerce ? Là est assurément
l'une des plaies qui menace, au profit de la richesse capitalisée, la position du petit Commer-

çant qui, autrefois, pouvait encore penser pouvoir l'acquérir, au moyen de la vente d'un produit qu'il faisait progresser, en l'améliorant par la connaissance acquise dans sa spécialité. On peut voir, à cet effet, la marée monter et être certain qu'elle ne s'arrêtera pas, et alors sûrement on verra la Bourgeoisie, revenue à une position précaire, faire cause commune avec le Prolétaire, disant qu'on a ruiné son industrie. Ah ! peut-être que, voyant alors le bien-être plus difficile encore à conquérir que la fortune ; la Bourgeoisie de ce temps, devenue moins frondeuse que celle actuelle, se rendra-t-elle compte des choses qui ont causé sa ruine, et verra-t-elle que la question du régime de Liberté ou de Communisme, se pose pour elle comme aujourd'hui pour le Prolétaire ? si oui, elle pourra alors être Radicale avec connaissance de cause, et aussi, dire que la Liberté doit être tenue de lui reconquérir l'égalité des moyens qu'elle aura perdus ; quand de nos jours, oubliant son rôle conservateur, elle ne la comprend qu'appuyée sur le profit qu'elle rend facile à ceux qui peuvent joindre un capital à son emploi.

Quittant cette digression, que faire à cela ? Et qui n'abuse de sa propriété ? l'un, en éle-

vant abusivement le prix du loyer, l'autre en
faisant payer fort cher son *ut dièze*, etc.; et
chacun alors d'en accuser la fatalité, à mesure
que ses intérêts se trouvent lésés, — mais si
toute chose humaine a ses abus, — comment
encore une fois faire qu'il en soit autrement ?
que le propriétaire, devenu désintéressé, ne voie
point dans son locataire autre chose que son
semblable à exploiter ; que le négociant ait une
autre ambition que celle de gagner des millions ;
car les actes de désintéressement et d'ambition,
sont de ceux que l'homme est libre de faire emploi, suivant sa nature généreuse, ambitieuse ou
égoïste, et nulle autorité ne pouvant en ces cas
leur assigner de bornes, ni pour le bien ni pour le
mal, il faut, malgré les maux qu'ils causent, en
revenir à leur correctif : la Liberté, pour trouver,
dans son régime, le critérium de ce qui, pour
l'homme, résulterait de l'empêchement qu'il
puisse ou non en abuser, et reconnaître que, seul,
le régime Communisme aurait autorité pour cela.

Malgré tout, il est, hélas ! aisé de convenir que
pour chacun, le régime de Liberté ne peut donner satisfaction, non pas égale, mais seulement
rationnelle et efficace aux besoins de l'homme,
et qu'avec raison, plus d'un restera perplexe de-

vant le problème qu'il ne peut résoudre, de pouvoir
arriver à satisfaire à tous ses besoins, en songeant
que tout le raisonnement qu'on fait à son sujet,
peut bien l'être au service d'un état de choses
qu'on lui dit indispensable au mieux de son existence, mais qu'il ne peut cependant comprendre,
en voyant cette Liberté tant vantée, ne pouvoir
mettre fin a une si grande inégalité, que pour
certains, elle peut paraître le fait d'une fatalité
attachée à leur sort. Car, se disent-ils : Dieu créa
la terre pour nourrir l'homme, et elle le peut sous
la condition que son labeur sera constant ; pourquoi, se soumettant à cette condition de son
existence, ne lui rend-elle pas le bien-être en
échange de ses efforts, et le laisse-t-elle parfois
souffrir de la faim ? Si l'homme jouit de sa
liberté, est-ce donc le moyen qu'il arrive à plus tôt
mourir ? Assurément, non ! car alors la Liberté,
en place d'être le plus bel apanage de l'homme,
serait le fléau qu'il devrait combattre à jamais ;
mais cela n'est heureusement pas, et si l'homme
murmure contre elle, et ne se rend pas un compte
exact de son rôle dans la société, c'est qu'il n'en
veut voir les effets que dans la limite où sa liberté
propre peut s'étendre et se mouvoir ; mais surtout qu'il prend pour un déni de justice le dom-

mage qui, pour ses intérêts, résulte de la différence de n'avoir pas les *moyens égaux* de pouvoir
en faire usage, sans alors réfléchir, qu'avoir les
moyens égaux de pouvoir jouir de sa liberté,
c'est vivre sous le régime Communiste, qui, en
échange, ne laisserait à aucun celle d'en user,
puisqu'individuellement ils n'existeraient pas.

Là, comme en beaucoup de faits sociaux, la
Liberté ne peut rien contre l'inégalité sociale,
qui si elle n'a pas à l'entretenir n'a pas non
plus à la supprimer, ce qui nécessairement se
ferait, si l'homme, se refusant à se soumettre
aux conditions économiques qui le force à subir
le dualisme auquel se livrent la liberté et l'égalité, croirait devoir sacrifier l'une pour obtenir
l'autre. Mais ce n'est pas seulement dans les faits
économiques que se révèle l'inconséquence de
ceux qui rêvent l'égalité, entre les hommes, car,
si naturellement l'inégalité existe dans la différence des besoins et des aptitudes de chacun, il
en est de même dans le génie moral et mercan-
tile des nations elles-mêmes, à ne voir que celui
de la France, est-il un peuple auquel le besoin
d'égalité semble plus nécessaire à son existence
sociale, et reste plus aristocrate quand il s'agit
des rapports de chacun; et faudrait-il que, pour

lui donner l'Égalité, la loi intervienne pour régler non-seulement ses actes, mais aussi ses senti-ments ?

Cependant, à voir les souffrances que crée entre les hommes ce manque d'Égalité qu'ils ne peuvent conquérir, ni pourraient conserver s'ils venaient un jour à l'établir, qui oserait jeter l'anathème sur celui qui, époux, père et chargé de famille, souffre et s'aigrit de ne pouvoir lui donner le nécessaire, rêvant pour des êtres si chers un bien-être qu'il croit pouvoir leur être moins partielle-ment réparti ; qui voudrait le blâmer d'avoir une opinion extrême ou Radicale, — puisque c'est le mot actuel, — quoique subversive à un ordre de choses, non pas seulement établi, mais qu'on ne pourrait remplacer sans y voir sombrer la civili-sation, et se tromper sur les moyens d'arriver à améliorer le précaire de sa position. Mais si ces moyens ne peuvent exister au gré de chacun, puisque nul ne peut les indiquer pratiquement, car serait-ce la jouissance des libertés dites né-cessaires, le changement d'assiette de l'impôt, l'économie portée dans le budget, qui feraient que 10 millions de prolétaires, journaliers, hommes de peine, domestiques, commis, agri-culteurs, ouvriers, puissent devenir satisfaits de leur sort ? Si alors, abusé et se trompant sur le moyen d'y parvenir, l'homme agit de manière à mettre la société en péril, audrait-il ne pas lui laisser la responsabilité de ses actes, quand ils se produisent à l'état de révolte et de péril social ?

Sans doute, il faudrait pouvoir être de l'avis de notre grand Poète, quand il dit que « de toute nécessité, la société doit faire disparaître de son sein un certain degré de Misère. » Mais quel moyen employer pour y parvenir ? Que faire contre la débauche, la paresse, et surtout l'ivrognerie, si commune de nos jours ; et si l'homme valide était assuré d'un minimum de bien-être, si petit qu'il soit, combien ne le préférerait-il pas à la lutte de la vie, qui souvent le prend dès le berceau. Ah ! oui, pour l'Enfant, la société devrait être responsable ; s'il vit dans l'ignorance ou meurt dans le besoin, deux choses dont il n'est pas en son pouvoir de se prémunir, et sans aller jusqu'à l'égalité Communiste, l'Enfant pauvre doit être efficacement protégé au moyen des crèches, écoles, travail professionnel, de manière qu'un jour il puisse prendre une place utile dans la société et, s'il se peut, par ces moyens empêcher que, devenu homme, et par l'immoralité de sa vie, il ne vienne pas lui-même en les aggra-

vant, rendre sans remède possible, les maux dont
il se plaint d'être accablé ; dire que la misère ne
vient pas souvent ainsi trouver l'homme rendu
sans force pour s'en défendre, ne serait pas
voir ce qui se passe ; malheureusement, l'exemple
ne vient pas toujours d'où il devrait venir, et sans
que par là l'homme se croie le droit d'être absout
de ses vices. C'est déjà trop qu'il puisse prendre
pour excuse qu'il suit l'exemple que trop souvent
hélas lui donnent ses dirigeants.

Mais alors, si la liberté de tous ne peut rien exiger
en faveur du bonheur de chacun, si d'autre part
l'égalité politique ne peut mettre empêchement
à l'inégalité sociale, comment maintenir à jamais
l'ordre nécesssaire à la civilisation ; faire que
l'homme ne perde pas un jour patience devant le
nouvel horizon qui aura élevé sa pensée, sans peut-
être qu'il ait trouvé à pourvoir son corps d'un
confort plus grand. Ah ! le moyen serait facile à
obtenir, si l'homme, pratiquant la Fraternité, vou-
lait à son usage y sacrifier son égoïsme ; car, s'il
lui est nécessaire jusqu'à un certain point, il est
aussi la cause d'où naissent tous les maux de ce
monde ; mais alors pas de fraternité platonique,
mais celle pratique, juste, effective et salutaire,
qui seule fera cesser l'envie, sinon la haine, qui

semble être aujourd'hui notre plus mortelle ennemie, une fois bannie de notre cœur, et comprenant que tous nous avons besoin les uns des autres, l'harmonie humaine pourra peut-être alors être établie. Mais si la Fraternité devait à jamais faire défaut à l'homme, si l'égoïsme avait banni de son cœur la justice, plus encore que la générosité, on pourrait, hélas! craindre, qu'ayant sa destinée attachée à une fatalité maudite,— et né pour être malheureux, l'homme, privé du sentiment fraternel, n'agisse que sous l'influence d'un viscère bornant sa fonction à celle d'un mécanisme animal, et ne soit, hélas! moins à plaindre que digne de pitié, d'avoir été créé pour l'accomplissement d'une si triste destinée.

Pourtant non! le mot d'André Chenier est vrai : « Il y a quelque chose là! » Et cette chose, c'est l'Âme, capable de haine, mais aussi d'amour et de dévouement; non, l'homme n'est pas maudit, mais seulement égaré, car alors pourquoi son front révèlerait-il le génie; pourquoi l'art, cette grande attraction vers l'idéal, le rendrait-il bon et rêveur, et la passion l'éléverait-elle parfois si haut que son orgueil ne connait plus de bornes, se sentant fort, toute contrainte est maudité par lui; de là peut-être son

manque d'emploi du lien fraternel, qui, gênant
moins encore son égoïsme que sa fierté, fait qu'il
lui semble que les devoirs que lui impose la Fraternité ne soient bons qu'à l'usage des faibles.
Sans doute, elle revêt des formes diverses, car
l'un peut aimer son semblable avec morgue et
hauteur, demandant bien haut que l'humanité
ne souffre plus, le désirant même il faut le croire,
mais ne fait rien au delà; l'autre aime et s'emploie à secourir son prochain, voyant son semblable dans celui qui souffre, et sans rendre
responsable ni l'homme ni la société d'en être la
cause, conclut qu'il faut s'entr'aider en s'aimant
les uns les autres.

CHAPITRE IX

CONCLUSION.

A vrai dire, cette brochure n'aurait pas besoin
d'une autre conclusion que celle que le lecteur
lui-même pourra facilement déduire de chacune
des questions qui y sont traitées, et celles qui,
ressortant de leur ensemble, se résument dans
le choix à faire entre le régime de Liberté,
acceptant les maux qui y sont inhérents et le
régime d'Egalité, non pas, bien entendu, celui
politique et civil qui sont les conquêtes de la civilisation, mais bien celui d'égalité sociale qui en
serait le péril.

Mais alors si cette conclusion, plus platonique
qu'effective, remédie moins aux faits qui causent
le Paupérisme qu'elle ne tend à apporter son
aide à la fatalité ou à la raison qui font qu'ils
puissent exister, n'est, hélas! pas positivement
consolante pour tous les déshérités de ce monde,
c'est qu'il n'en est pas non plus pour tous les
maux une autre que celle dont elle indique l'em-

ploi : la Liberté, et surtout contre le manque de
force morale, sans laquelle il n'y a pas moyen de
se trouver heureux ; mais que faire à cela, et devant
les revendications de l'homme faut-il lui voir
changer l'invocation de Shakespeare : « Etre ou ne
pas être » en celle de « Jouir ou ne pas vivre ! »
Non, car il y aurait à pratiquer ce qu'elle conseille,
un abîme que nulle force humaine ne pourrait
arriver à combler. Il est donc alors raisonnable
d'admettre que l'homme trouvera sa satisfaction
dans la liberté nécessaire et possible laissée à
son initiative, à son travail et à l'expression de
sa pensée, et qu'alors, trouvant l'égalité dans les
lois, l'égalité devant la justice; de même que dans
la responsabilité de chacun devant tous, comme
complément de son état social, il pratiquera la
Fraternité. Ah ! il faut le désirer, mais son emploi, ne pourrait cependant faire supposer possible
le maintien d'un ordre moral, nécessaire aux fins
de toute civilisation, ni assez puissant pour remplacer les vieilles croyances que l'homme est
en train de répudier, si jamais l'idée que Dieu
comporte de bonté et d'amour pour tous les
êtres créés, qui est la vie même de l'humanité,
pouvait être exclue du cœur de l'homme, et
uniquement remplacée par celle du chacun pour

soi, ou même de tous pour chacun, sans que lui-même ne tombât dans l'état le plus dégradant.

Il faut croire qu'une fin pareille ne lui est pas réservée ; heureusement il faut à l'homme un idéal : s'il a besoin de liberté, il lui faut aussi croire à quelque chose de plus parfait que lui. Car, matérialisant tout, qui pourrait le sauver du danger de n'avoir que son semblable à aimer, s'il venait à ne plus rien croire ? Seul, l'avenir pourra répondre à cette question. Mais quoi qu'il advienne de l'un ou de l'autre état moral auquel s'adonnera la civilisation, que chacun songe *très-sérieusement* que, si tout ce qui précède renferme la vérité économique, cette vérité n'est applicable qu'à l'ordre de choses actuel, mais qu'elle sera entièrement impuissante à le maintenir un demi-siècle de plus, si un grand esprit de justice, de désintéressement et d'humanité n'anime tous ceux qui possèdent quelque fortune, de même que quelqu'influence dirigeante, et comme l'a dit un grand penseur : « Vous ne comblerez l'abîme qui sépare les classes opulentes de celles indigentes, ni avec les droits, ni avec les forces, ni avec les devoirs, vous le comblerez avec des affections ! »

Mais encore serait-ce, hélas! suffisant? Ca

à bien considérer l'affection, et venant un peu tardivement, ne semblerait-elle pas à l'homme comme un besoin qu'aurait la société de lui venir en aide au moyen d'une monnaie qu'il ne pourrait utiliser pour la satisfaction de ses besoins ; et, puisqu'en somme on ne peut nier que l'accroissement que fait chaque année la richesse sociale, provient de la coopération, non pas seulement de celui qu'à tort on a nommé le sublime Ouvrier, — car Dieu seul l'a été, — mais du cerveau qui enfante, de l'idée conçoit, autant que du bras qui exécute, et, isqu'il y a eu association d'efforts pour le prod re, il doit pouvoir être fait dans son résultat, u part plus large que celle attribuée, par le yen du salaire, aux besoins des plus déshéri es de ce nd .

Pour y pourvoir, il n'y aurait pas à la demander à la création d'un impôt portant le nom plus ou moins déguisé de la misère, mais à un *don fraternel, facultatif et toujours ouvert*, qui permettrait de constituer une *rente considérable* applicable aux besoins *des invalides du travail.*

Puisqu'au moyen d'une faible retenue faite sur des appointements, souvent minimes, l'initiative de grandes Administrations, trouve celui de servir une rente à leurs employés ;

pourquoi celle Manufacturière, Agricole, Commerciale, Industrielle et Marchande ne pourrait-elle agir de même, se disant que si la retenue qui sert aux premiers, a été faite du consentement de celui appelé à en profiter ? celle accordée de l'autre ne serait, il faut bien le dire, souvent *qu'une restitution.* Dans tous les cas, à l'encontre de l'œuvre de Solidarité qui ne peut être conciliée avec la liberté de l'homme, celle de Fraternité s'accomplirait, il faut le croire, avec autant de facilité que pour toute chose où il est facile de trouver des millions, car celle-ci aurait pour but d'assurer la civilisation contre les chances d'une guerre sociale, qui, toujours menaçante, fait que la peur d'avoir besoin, de s'en défendre, la société perd davantage que de s'assurer des moyens de la prévenir ; en tout cas, elle aurait par là trouvé ceux d'atténuer l'acrimonie des revendications de l'homme, qui, ayant vécu misérable, s'éteint souvent haineux, toujours désespéré.

PROJET D'UNE ŒUVRE NATIONALE FRATERNELLE.

Capital illimité.....

Souscriptions reçues à titre permanent par la Banque de France, centralisées et placées en rentes sur l'Etat, et distribuées annuellement en livrets de rente de 500 fr., payables mensuellement par le percepteur de la commune, qui s'en ferait rembourser par la Banque.

La seule condition d'y avoir droit serait de n'avoir pas de ressources et de compter parmi les plus âgés du nombre de répartitions à faire chaque année.

L'Administration de l'œuvre serait faite gratuitement par des directeurs pris dans toutes les catégories sociales, y compris celle ouvrière.

Les donateurs seraient inscrits sur le livre d'or quand ils auraient versé une somme supérieure à 100 fr.

Cette organisation admise et complétée par tout ce qui pourrait lui donner de l'extension et de l'importance, qui ne désirerait que l'Etat soit tenu d'y verser :

1° Le montant des successions en déshérence ;

2° Le produit des amendes de toute nature ;

3° Le prix de vente des objets trouvés ;

4° Une partie de l'impôt sur les successions.

Qui empêcherait l'œuvre de recevoir des donations, d'organiser à son profit des bals, concerts, loteries, etc.

Croit-on que dans un pays comme la France, où le mercantilisme trouve si facilement des millions, on n'en trouverait pas pour assurer la paix

9

du foyer contre la révolte de l'âme, pour en
chasser l'envie, la haine, la jalousie, qui le rendent si triste quand elles s'ajoutent à la pauvreté.
Mais, dira-t-on, combien de millions faudrait-il
donc pour réaliser un aussi grand bienfait? Beaucoup, c'est vrai, mais pas autant qu'on pourrait
le croire, et surtout pour le résultat moral qu'ils
serviraient à acquérir.

1 million rendrait heureux	100	vieillards.
10 — —	1.000	—
100 — —	10.000	—
200 — —	20.000	—

Combien en existe-t-il de l'âge de 60 ans? il
serait facile de le savoir; combien sont soutenus
par des bienfaiteurs anonymes, par la charité organisée de toute manière, mais qui alors pourraient en reporter la dépense sur d'autres misères
que l'œuvre ne pourrait soulager; car il serait
oiseux de se dissimuler que le travail est la seule
garantie possible contre la misère générale, et
qu'il s'agit, en ce cas spécial, de soulager celui qui
n'a plus la force de s'y livrer.

Aussi l'œuvre pourrait facilement réaliser, dès
l'abord, 100 millions et aller graduellement à un
milliard. Donc alors 100,000 vieillards, auraient
droit non à une aumône, mais au paiement d'une

rente de 500 fr. constituée à leur profit par la
Société ; et alors l'ouvrier voyant le négociant,
manufacturier, fabricant, agriculteur prélever
facultativement sur sa fortune, ou chaque année
sur ses bénéfices, une somme qu'en définitive,
il a acquise au moyen de sa collaboration, saurait
qu'il fait pour lui autre chose que le paiement
journalier de son salaire, et sans, — comme Pier-
rette, au moyen de la vente de son lait, — se leur-
rer d'un espoir chimérique, il serait peut-être
permis, vu l'apaisement qui en résulterait, de
rendre au travail, c'est-à-dire à la production,
une partie des 600,000 hommes armés, qui sem-
bleraient une menace pour la civilisation, si dans
son état actuel, ils n'étaient pas nécessaires à sa
défense. Tout cela est à espérer, car tout cela est
possible, et, pour prêcher d'exemple, l'auteur
offre de prendre rang pour une somme de mille
francs dans la souscription de l'œuvre fraternelle,
dont, pour la faire réussir, il confie la réalisation
à de plus influents que lui, et peut-être alors
voir à jamais disparaître le *Væ Victis !* de la
civilisation.

TABLE DES MATIÈRES

Paris.— E. Brière, imprimeur breveté, 257, rue Saint-Honoré.

Du même Auteur :

IL EST TEMPS DE NOUS SOUVENIR, brochure, 0.50
APPEL A LA CONCILIATION, broch., 2ᵉ édit. 1 fr.

Prochainement : **1789 et 1793.**

Paris.— E. Brière, Imprimeur breveté, 257, rue Saint-Honoré.